Βάτραχοι - Σφῆκες
Frogs and Wasps
Ἀριστοφάνης
Aristophanes

Frogs and Wasps
Copyright 2013 © Jiahu Books
First Published in Great Britain in 2013 by Jiahu Books –
part of Richardson-Prachai Solutions Ltd, Egerton Gate,
Milton Keynes, MK5 7HH
ISBN: 978-1-909669-96-3
Conditions of sale
All rights reserved. You must not circulate this book in any other binding or cover and you must impose the same condition on any acquirer.
A CIP catalogue record for this book is available from the British Library.
Visit us at: **jiahubooks.co.uk**

ΒΆΤΡΑΧΟΙ   5

ΣΦΗΚΕΣ   86

Βάτραχοι

Ξανθίας
Εἴπω τι τῶν εἰωθότων ὦ δέσποτα,
ἐφ' οἷς ἀεὶ γελῶσιν οἱ θεώμενοι;
Διόνυσος
νὴ τὸν Δί' ὅ τι βούλει γε, πλὴν "πιέζομαι,"
τοῦτο δὲ φύλαξαι· πάνυ γάρ ἐστ' ἤδη χολή.
Ξανθίας
μηδ' ἕτερον ἀστεῖόν τι;
Διόνυσος
πλήν γ' "ὡς θλίβομαι".
Ξανθίας
τί δαί; τὸ πάνυ γέλοιον εἴπω; 6
Διόνυσος
νὴ Δία
θαρρῶν γε· μόνον ἐκεῖν' ὅπως μὴ 'ρεῖς,
Ξανθίας
τὸ τί;
Διόνυσος
μεταβαλλόμενος τἀνάφορον ὅτι "χεζητιᾷς".
Ξανθίας
μηδ' ὅτι τοσοῦτον ἄχθος ἐπ' ἐμαυτῷ φέρων,
εἰ μὴ καθαιρήσει τις, ἀποπαρδήσομαι; 10
Διόνυσος
μὴ δῆθ', ἱκετεύω, πλήν γ' ὅταν μέλλω 'ξεμεῖν.
Ξανθίας
τί δῆτ' ἔδει με ταῦτα τὰ σκεύη φέρειν,
εἴπερ ποιήσω μηδὲν ὧνπερ Φρύνιχος
εἴωθε ποιεῖν καὶ Λύκις κἀμειψίας; 14

Διόνυσος
μή νυν ποιήσῃς· ὡς ἐγὼ θεώμενος, 16
ὅταν τι τούτων τῶν σοφισμάτων ἴδω,
πλεῖν ἢ 'νιαυτῷ πρεσβύτερος ἀπέρχομαι.
Ξανθίας
ὢ τρισκακοδαίμων ἆρ' ὁ τράχηλος οὑτοσί,
ὅτι θλίβεται μέν, τὸ δὲ γέλοιον οὐκ ἐρεῖ. 20
Διόνυσος
εἶτ' οὐχ ὕβρις ταῦτ' ἐστὶ καὶ πολλὴ τρυφή,
ὅτ' ἐγὼ μὲν ὢν Διόνυσος υἱὸς Σταμνίου
αὐτὸς βαδίζω καὶ πονῶ, τοῦτον δ' ὀχῶ,
ἵνα μὴ ταλαιπωροῖτο μηδ' ἄχθος φέροι; 24
Ξανθίας
οὐ γὰρ φέρω 'γώ;
Διόνυσος
πῶς φέρεις γὰρ ὅς γ' ὀχεῖ;
Ξανθίας
φέρων γε ταυτί.
Διόνυσος
τίνα τρόπον;
Ξανθίας
Βαρέως πάνυ.
Διόνυσος
οὔκουν τὸ Βάρος τοῦθ' ὃ σὺ φέρεις ὄνος φέρει;
Ξανθίας
οὐ δῆθ' ὅ γ' ἔχω 'γὼ καὶ φέρω μὰ τὸν Δί' οὔ.
Διόνυσος
πῶς γὰρ φέρεις, ὅς γ' αὐτὸς ὑφ' ἑτέρου φέρει;
Ξανθίας
οὐκ οἶδ'· ὁ δ' ὦμος οὑτοσὶ πιέζεται. 30
Διόνυσος
σὺ δ' οὖν ἐπειδὴ τὸν ὄνον οὔ φῄς σ' ὠφελεῖν,

ἐν τῷ μέρει σὺ τὸν ὄνον ἀράμενος φέρε.
Ξανθίας
οἴμοι κακοδαίμων· τί γὰρ ἐγὼ οὐκ ἐναυμάχουν;
ἦ τἄν σε κωκύειν ἂν ἐκέλευον μακρά.
Διόνυσος
κατάβα πανοῦργε. καὶ γὰρ ἐγγὺς τῆς θύρας 35
ἤδη βαδίζων εἰμὶ τῆσδ', οἷ πρῶτά με
ἔδει τραπέσθαι. παιδίον, παῖ, ἠμί, παῖ.
Ἡρακλῆς
τίς τὴν θύραν ἐπάταξεν; ὡς κενταυρικῶς
ἐνήλαθ' ὅστις· εἰπέ μοι τουτὶ τί ἦν;
Διόνυσος
ὁ παῖς. 40
Ξανθίας
τί ἔστιν;
Διόνυσος
οὐκ ἐνεθυμήθης;
Ξανθίας
τὸ τί;
Διόνυσος
ὡς σφόδρα μ' ἔδεισε.
Ξανθίας
νὴ Δία μὴ μαίνοιό γε.
Ἡρακλῆς
οὔ τοι μὰ τὴν Δήμητρα δύναμαι μὴ γελᾶν·
καίτοι δάκνω γ' ἐμαυτόν· ἀλλ' ὅμως γελῶ.
Διόνυσος
ὦ δαιμόνιε πρόσελθε· δέομαι γάρ τί σου.
Ἡρακλῆς
ἀλλ' οὐχ οἷός τ' εἴμ' ἀποσοβῆσαι τὸν γέλων 45
ὁρῶν λεοντῆν ἐπὶ κροκωτῷ κειμένην.
τίς ὁ νοῦς; τί κόθορνος καὶ ῥόπαλον ξυνηλθέτην;

ποῖ γῆς ἀπεδήμεις;
Διόνυσος
ἐπεβάτευον Κλεισθένει-
Ἡρακλῆς
κἀναυμάχησας;
Διόνυσος
καὶ κατεδύσαμέν γε ναῦς
τῶν πολεμίων ἢ δώδεκ᾽ ἢ τρεῖς καὶ δέκα. 50
Ἡρακλῆς
σφώ;
Διόνυσος
νὴ τὸν Ἀπόλλω.
Ξανθίας
κᾆτ᾽ ἔγωγ᾽ ἐξηγρόμην.
Διόνυσος
καὶ δῆτ᾽ ἐπὶ τῆς νεὼς ἀναγιγνώσκοντί μοι
τὴν Ἀνδρομέδαν πρὸς ἐμαυτὸν ἐξαίφνης πόθος
τὴν καρδίαν ἐπάταξε πῶς οἴει σφόδρα.
Ἡρακλῆς
πόθος; πόσος τις; 55
Διόνυσος
μικρὸς ἡλίκος Μόλων.
Ἡρακλῆς
γυναικός;
Διόνυσος
οὐ δῆτ᾽.
Ἡρακλῆς
ἀλλὰ παιδός;
Διόνυσος
οὐδαμῶς.
Ἡρακλῆς
ἀλλ᾽ ἀνδρός;

8

Διόνυσος
ἀπαπαί.
Ἡρακλῆς
ξυνεγένου τῷ Κλεισθένει;
Διόνυσος
μὴ σκῶπτέ μ' ὠδέλφ'· οὐ γὰρ ἀλλ' ἔχω κακῶς·
τοιοῦτος ἵμερός με διαλυμαίνεται.
Ἡρακλῆς
ποῖός τις ὠδελφίδιον; 60
Διόνυσος
οὐκ ἔχω φράσαι.
ὅμως γε μέντοι σοι δι' αἰνιγμῶν ἐρῶ.
ἤδη ποτ' ἐπεθύμησας ἐξαίφνης ἔτνους;
Ἡρακλῆς
ἔτνους; βαβαιάξ, μυριάκις γ' ἐν τῷ βίῳ.
Διόνυσος
ἆρ' ἐκδιδάσκω τὸ σαφὲς ἢ 'τέρᾳ φράσω;
Ἡρακλῆς
μὴ δῆτα περὶ ἔτνους γε· πάνυ γὰρ μανθάνω. 65
Διόνυσος
τοιουτοσὶ τοίνυν με δαρδάπτει πόθος
Εὐριπίδου.
Ἡρακλῆς
καὶ ταῦτα τοῦ τεθνηκότος;
Διόνυσος
κοὐδείς γέ μ' ἂν πείσειεν ἀνθρώπων τὸ μὴ οὐκ
ἐλθεῖν ἐπ' ἐκεῖνον.
Ἡρακλῆς
πότερον εἰς Ἅιδου κάτω;
Διόνυσος
καὶ νὴ Δί' εἴ τί γ' ἔστιν ἔτι κατωτέρω. 70

Ἡρακλῆς
τί βουλόμενος;
Διόνυσος
δέομαι ποιητοῦ δεξιοῦ.
οἱ μὲν γὰρ οὐκέτ' εἰσίν, οἱ δ' ὄντες κακοί.
Ἡρακλῆς
τί δ'; οὐκ Ἰοφῶν ζῇ;
Διόνυσος
τοῦτο γάρ τοι καὶ μόνον
ἔτ' ἐστὶ λοιπὸν ἀγαθόν, εἰ καὶ τοῦτ' ἄρα·
οὐ γὰρ σάφ' οἶδ' οὐδ' αὐτὸ τοῦθ' ὅπως ἔχει. 75
Ἡρακλῆς
εἶτ' οὐχὶ Σοφοκλέα πρότερον Εὐριπίδου
μέλλεις ἀναγαγεῖν, εἴπερ ἐκεῖθεν δεῖ σ' ἄγειν;
Διόνυσος
οὐ πρίν γ' ἂν Ἰοφῶντ', ἀπολαβὼν αὐτὸν μόνον,
ἄνευ Σοφοκλέους ὅ τι ποιεῖ κωδωνίσω.
κἄλλως ὁ μέν γ' Εὐριπίδης πανοῦργος ὢν 80
κἂν ξυναποδρᾶναι δεῦρ' ἐπιχειρήσειέ μοι·
ὁ δ' εὔκολος μὲν ἐνθάδ' εὔκολος δ' ἐκεῖ.
Ἡρακλῆς
Ἀγάθων δὲ ποῦ 'στιν;
Διόνυσος
ἀπολιπών μ' ἀποίχεται,
ἀγαθὸς ποιητὴς καὶ ποθεινὸς τοῖς φίλοις.
Ἡρακλῆς
ποῖ γῆς ὁ τλήμων; 85
Διόνυσος
ἐς Μακάρων εὐωχίαν.
Ἡρακλῆς
ὁ δὲ Σενοκλέης;

Διόνυσος
ἐξόλοιτο νὴ Δία.
Ἡρακλῆς
Πυθάγγελος δέ;
Ξανθίας
περὶ ἐμοῦ δ᾽ οὐδεὶς λόγος
ἐπιτριβομένου τὸν ὦμον οὑτωσὶ σφόδρα.
Ἡρακλῆς
οὔκουν ἕτερ᾽ ἔστ᾽ ἐνταῦθα μειρακύλλια
τραγῳδίας ποιοῦντα πλεῖν ἢ μύρια, 90
Εὐριπίδου πλεῖν ἢ σταδίῳ λαλίστερα.
Διόνυσος
ἐπιφυλλίδες ταῦτ᾽ ἐστὶ καὶ στωμύλματα,
χελιδόνων μουσεῖα, λωβηταὶ τέχνης,
ἃ φροῦδα θᾶττον, ἢν μόνον χορὸν λάβῃ,
ἅπαξ προσουρήσαντα τῇ τραγῳδίᾳ. 95
γόνιμον δὲ ποιητὴν ἂν οὐχ εὕροις ἔτι
ζητῶν ἄν, ὅστις ῥῆμα γενναῖον λάκοι.
Ἡρακλῆς
πῶς γόνιμον;
Διόνυσος
ὡδὶ γόνιμον, ὅστις φθέγξεται
τοιουτονί τι παρακεκινδυνευμένον,
αἰθέρα Διὸς δωμάτιον, ἢ χρόνου πόδα, 100
ἢ φρένα μὲν οὐκ ἐθέλουσαν ὀμόσαι καθ᾽ ἱερῶν,
γλῶτταν δ᾽ ἐπιορκήσασαν ἰδίᾳ τῆς φρενός.
Ἡρακλῆς
σὲ δὲ ταῦτ᾽ ἀρέσκει;
Διόνυσος
μάλλὰ πλεῖν ἢ μαίνομαι.
Ἡρακλῆς
ἦ μὴν κόβαλά γ᾽ ἐστίν, ὡς καὶ σοὶ δοκεῖ.

Διόνυσος
μὴ τὸν ἐμὸν οἴκει νοῦν· ἔχεις γὰρ οἰκίαν. 105
Ἡρακλῆς
καὶ μὴν ἀτεχνῶς γε παμπόνηρα φαίνεται.
Διόνυσος
δειπνεῖν με δίδασκε.
Ξανθίας
περὶ ἐμοῦ δ' οὐδεὶς λόγος.
Διόνυσος
ἀλλ' ὧνπερ ἕνεκα τήνδε τὴν σκευὴν ἔχων
ἦλθον κατὰ σὴν μίμησιν, ἵνα μοι τοὺς ξένους
τοὺς σοὺς φράσειας, εἰ δεοίμην, οἷσι σὺ 110
ἐχρῶ τόθ', ἡνίκ' ἐπὶ τὸν Κέρβερον,
τούτους φράσον μοι, λιμένας ἀρτοπώλια
πορνεῖ' ἀναπαύλας ἐκτροπὰς κρήνας ὁδοὺς
πόλεις διαίτας πανδοκευτρίας, ὅπου
κόρεις ὀλίγιστοι.
Ξανθίας
περὶ ἐμοῦ δ' οὐδεὶς λόγος.
Ἡρακλῆς
ὦ σχέτλιε τολμήσεις γὰρ ἰέναι καὶ σύ γε; 116
Διόνυσος
μηδὲν ἔτι πρὸς ταῦτ', ἀλλὰ φράζε τῶν ὁδῶν
ὅπῃ τάχιστ' ἀφιζόμεθ' εἰς Ἅιδου κάτω·
καὶ μήτε θερμὴν μήτ' ἄγαν ψυχρὰν φράσῃς.
Ἡρακλῆς
φέρε δὴ τίν' αὐτῶν σοι φράσω πρώτην; τίνα; 120
μία μὲν γὰρ ἔστιν ἀπὸ κάλω καὶ θρανίου,
κρεμάσαντι σαυτόν.
Διόνυσος
παῦε, πνιγηρὰν λέγεις.

Ἡρακλῆς
ἀλλ' ἔστιν ἀτραπὸς ξύντομος τετριμμένη
ἡ διὰ θυείας.
Διόνυσος
ἆρα κώνειον λέγεις;
Ἡρακλῆς
μάλιστά γε. 125
Διόνυσος
ψυχράν γε καὶ δυσχείμερον·
εὐθὺς γὰρ ἀποπήγνυσι τἀντικνήμια.
Ἡρακλῆς
βούλει κατάντη καὶ ταχεῖαν σοι φράσω;
Διόνυσος
νὴ τὸν Δί' ὡς ὄντος γε μὴ βαδιστικοῦ.
Ἡρακλῆς
καθέρπυσόν νυν ἐς Κεραμεικόν.
Διόνυσος
κᾆτα τί;
Ἡρακλῆς
ἀναβὰς ἐπὶ τὸν πύργον τὸν ὑψηλόν--
Διόνυσος
τί δρῶ;
Ἡρακλῆς
ἀφιεμένην τὴν λαμπάδ' ἐντεῦθεν θεῶ, 131
κἄπειτ' ἐπειδὰν θῶσιν οἱ θεώμενοι
"εἶναι", τόθ' εἶναι καὶ σὺ σαυτόν.
Διόνυσος
ποῖ
Ἡρακλῆς
κάτω.
Διόνυσος
ἀλλ' ἀπολέσαιμ' ἂν ἐγκεφάλου θρίω δύο. 134

οὐκ ἂν βαδίσαιμι τὴν ὁδὸν ταύτην.
Ἡρακλῆς
τί δαί;
Διόνυσος
ἥνπερ σὺ τότε κατῆλθες.
Ἡρακλῆς
ἀλλ' ὁ πλοῦς πολύς.
εὐθὺς γὰρ ἐπὶ λίμνην μεγάλην ἥξεις πάνυ
ἄβυσσον.
Διόνυσος
εἶτα πῶς περαιωθήσομαι;
Ἡρακλῆς
ἐν πλοιαρίῳ τυννουτῳί σ' ἀνὴρ γέρων
ναύτης διάξει δύ' ὀβολὼ μισθὸν λαβών. 140
Διόνυσος
φεῦ,
ὡς μέγα δύνασθον πανταχοῦ τὼ δύ' ὀβολώ.
πῶς ἠλθέτην κἀκεῖσε;
Ἡρακλῆς
Θησεὺς ἤγαγεν.
μετὰ ταῦτ' ὄφεις καὶ θηρί' ὄψει μυρία
δεινότατα.
Διόνυσος
μή μ' ἔκπληττε μηδὲ δειμάτου·
οὐ γάρ μ' ἀποτρέψεις.
Ἡρακλῆς
εἶτα βόρβορον πολὺν
καὶ σκῶρ ἀείνων· ἐν δὲ τούτῳ κειμένους, 146
εἴ που ξένον τις ἠδίκησε πώποτε,
ἢ παῖδα κινῶν τἀργύριον ὑφείλετο,
ἢ μητέρ' ἠλόασεν, ἢ πατρὸς γνάθον
ἐπάταξεν, ἢ 'πίορκον ὅρκον ὤμοσεν, 150

ἢ Μορσίμου τις ῥῆσιν ἐξεγράψατο.
Διόνυσος
νὴ τοὺς θεοὺς ἐχρῆν γε πρὸς τούτοισι κεί
τὴν πυρρίχην τις ἔμαθε τὴν Κινησίου.
Ἡρακλῆς
ἐντεῦθεν αὐλῶν τίς σε περίεισιν πνοή,
ὄψει τε φῶς κάλλιστον ὥσπερ ἐνθάδε, 155
καὶ μυρρινῶνας καὶ θιάσους εὐδαίμονας
ἀνδρῶν γυναικῶν καὶ κρότον χειρῶν πολύν.
Διόνυσος
οὗτοι δὲ δὴ τίνες εἰσίν;
Ἡρακλῆς
οἱ μεμυημένοι--
Ξανθίας
νὴ τὸν Δί' ἐγὼ γοῦν ὄνος ἄγω μυστήρια.
ἀτὰρ οὐ καθέξω ταῦτα τὸν πλείω χρόνον. 160
Ἡρακλῆς
οἵ σοι φράσουσ' ἀπαξάπανθ' ὧν ἂν δέῃ.
οὗτοι γὰρ ἐγγύτατα παρ' αὐτὴν τὴν ὁδὸν
ἐπὶ ταῖσι τοῦ Πλούτωνος οἰκοῦσιν θύραις.
καὶ χαῖρε πόλλ' ὦδελφέ.
Διόνυσος
νὴ Δία καὶ σύ γε
ὑγίαινε. σὺ δὲ τὰ στρώματ' αὖθις λάμβανε.165
Ξανθίας
πρὶν καὶ καταθέσθαι;
Διόνυσος
καὶ ταχέως μέντοι πάνυ.
Ξανθίας
μὴ δῆθ', ἱκετεύω σ', ἀλλὰ μίσθωσαί τινα
τῶν ἐκφερομένων, ὅστις ἐπὶ τοῦτ' ἔρχεται.
Διόνυσος

15

ἐὰν δὲ μὴ εὕρω;
Ξανθίας
τότε μ' ἄγειν.
Διόνυσος
καλῶς λέγεις.
καὶ γάρ τιν' ἐκφέρουσι τουτονὶ νεκρόν, 170
οὗτος, σὲ λέγω μέντοι, σὲ τὸν τεθνηκότα·
ἄνθρωπε βούλει σκευάρι' εἰς Ἅιδου φέρειν;
Νέκρος
πόσ' ἄττα;
Διόνυσος
ταυτί.
Νέκρος
δύο δραχμὰς μισθὸν τελεῖς;
Διόνυσος
μὰ Δί' ἀλλ' ἔλαττον.
Νέκρος
ὑπάγεθ' ὑμεῖς τῆς ὁδοῦ.
Διόνυσος
ἀνάμεινον ὦ δαιμόνι', ἐὰν ξυμβῶ τί σοι. 175
Νέκρος
εἰ μὴ καταθήσεις δύο δραχμάς, μὴ διαλέγου.
Διόνυσος
λάβ' ἐννέ' ὀβολούς.
Νέκρος
ἀναβιοίην νυν πάλιν.
Ξανθίας
ὡς σεμνὸς ὁ κατάρατος· οὐκ οἰμώξεται;
ἐγὼ βαδιοῦμαι.
Διόνυσος
χρηστὸς εἶ καὶ γεννάδας.
χωρῶμεν ἐπὶ τὸ πλοῖον. 180

Χάρων
ὠὸπ παραβαλοῦ.
Ξανθίας
τουτὶ τί ἔστι;
Διόνυσος
τοῦτο; λίμνη νὴ Δία
αὕτη 'στὶν ἣν ἔφραζε, καὶ πλοῖόν γ' ὁρῶ.
Ξανθίας
νὴ τὸν Ποσειδῶ κἄστι γ' ὁ Χάρων οὑτοσί.
Διόνυσος
χαῖρ' ὦ Χάρων, χαῖρ' ὦ Χάρων, χαῖρ' ὦ Χάρων.
Χάρων
τίς εἰς ἀναπαύλας ἐκ κακῶν καὶ πραγμάτων; 185
τίς ἐς τὸ Λήθης πεδίον, ἢ σ' Ὄνου πόκας,
ἢ σ' Κερβερίους, ἢ σ' κόρακας, ἢ 'πὶ Ταίναρον;
Διόνυσος
ἐγώ.
Χάρων
ταχέως ἔμβαινε.
Διόνυσος
ποῖ σχήσειν δοκεῖς;
ἐς κόρακας ὄντως;
Χάρων
ναὶ μὰ Δία σοῦ γ' οὕνεκα.
ἔσβαινε δή. 190
Διόνυσος
παῖ δεῦρο.
Χάρων
δοῦλον οὐκ ἄγω,
εἰ μὴ νεναυμάχηκε τὴν περὶ τῶν κρεῶν.
Ξανθίας
μὰ τὸν Δί' οὐ γὰρ ἀλλ' ἔτυχον ὀφθαλμιῶν.

Χάρων
οὔκουν περιθρέξει δῆτα τὴν λίμνην κύκλῳ;
Ξανθίας
ποῦ δῆτ' ἀναμενῶ;
Χάρων
παρὰ τὸν Αὐαίνου λίθον
ἐπὶ ταῖς ἀναπαύλαις. 195
Διόνυσος
μανθάνεις;
Ξανθίας
πάνυ μανθάνω.
οἴμοι κακοδαίμων, τῷ ξυνέτυχον ἐξιών;
Χάρων
κάθιζ' ἐπὶ κώπην. εἴ τις ἔτι πλεῖ, σπευδέτω.
οὗτος τί ποιεῖς;
Διόνυσος
ὅ τι ποιῶ; τί δ' ἄλλο γ' ἢ
ἵζω 'πὶ κώπην, οὗπερ ἐκέλευές με σύ; 199
Χάρων
οὔκουν καθεδεῖ δῆτ' ἐνθαδὶ γάστρων;
Διόνυσος
ἰδού.
Χάρων
οὔκουν προβαλεῖ τὼ χεῖρε κἀκτενεῖς;
Διόνυσος
ἰδού.
Χάρων
οὐ μὴ φλυαρήσεις ἔχων ἀλλ' ἀντιβὰς
ἐλᾷς προθύμως;
Διόνυσος
κᾆτα πῶς δυνήσομαι
ἄπειρος ἀθαλάττωτος ἀσαλαμίνιος 204

ὧν εἶτ' ἐλαύνειν;
Χάρων
ῥᾷστ'· ἀκούσει γὰρ μέλη
κάλλιστ', ἐπειδὰν ἐμβάλῃς ἅπαξ,
Διόνυσος
τίνων;
Χάρων
βατράχων κύκνων θαυμαστά.
Διόνυσος
κατακέλευε δή.
Χάρων
ὦ ὀπὸπ ὦ ὀπόπ.
Βάτραχοι
βρεκεκεκὲξ κοὰξ κοάξ,
βρεκεκεκὲξ κοὰξ κοάξ. 210
λιμναῖα κρηνῶν τέκνα,
ξύναυλον ὕμνων βοὰν
φθεγξώμεθ', εὔγηρυν ἐμὰν ἀοιδάν,
κοὰξ κοάξ,
ἣν ἀμφὶ Νυσήιον 215
Διὸς Διόνυσον ἐν
Λίμναισιν ἰαχήσαμεν,
ἡνίχ' ὁ κραιπαλόκωμος
τοῖς ἱεροῖσι Χύτροισι
χωρεῖ κατ' ἐμὸν τέμενος λαῶν ὄχλος.
βρεκεκεκὲξ κοὰξ κοάξ. 220
Διόνυσος
ἐγὼ δέ γ' ἀλγεῖν ἄρχομαι
τὸν ὄρρον ὦ κοὰξ κοάξ·
ὑμῖν δ' ἴσως οὐδὲν μέλει.
Βάτραχοι
βρεκεκεκὲξ κοὰξ κοάξ. 225

Διόνυσος
ἀλλ' ἐξόλοισθ' αὐτῷ κοάξ·
οὐδὲν γάρ ἐστ' ἀλλ' ἢ κοάξ.
Βάτραχοι
εἰκότως γ' ὦ πολλὰ πράττων.
ἐμὲ γὰρ ἔστερξαν εὔλυροί τε Μοῦσαι
καὶ κεροβάτας Πὰν ὁ καλαμόφθογγα παίζων· 230
προσεπιτέρπεται δ' ὁ φορμικτὰς Ἀπόλλων,
ἕνεκα δόνακος, ὃν ὑπολύριον
ἔνυδρον ἐν λίμναις τρέφω.
βρεκεκεκὲξ κοὰξ κοάξ. 235
Διόνυσος
ἐγὼ δὲ φλυκταίνας γ' ἔχω,
χὠ πρωκτὸς ἰδίει πάλαι,
κᾆτ' αὐτίκ' ἐκκύψας ἐρεῖ--
Βάτραχοι
βρεκεκεκὲξ κοὰξ κοάξ.
Διόνυσος
ἀλλ' ὦ φιλῳδὸν γένος 240
παύσασθε.
Βάτραχοι
μᾶλλον μὲν οὖν
φθεγξόμεσθ', εἰ δή ποτ' εὐηλίοις
ἐν ἀμέραισιν
ἡλάμεσθα διὰ κυπείρου
καὶ φλέω, χαίροντες ᾠδῆς
πολυκολύμβοισι μέλεσιν, 245
ἢ Διὸς φεύγοντες ὄμβρον
ἔνυδρον ἐν βυθῷ χορείαν
αἰόλαν ἐφθεγξάμεσθα
πομφολυγοπαφλάσμασιν. 249

Διόνυσος
βρεκεκεκὲξ κοὰξ κοάξ. 251
τουτὶ παρ' ὑμῶν λαμβάνω.
Βάτραχοι
δεινά τἄρα πεισόμεσθα.
Διόνυσος
δεινότερα δ' ἔγωγ', ἐλαύνων
εἰ διαρραγήσομαι. 255
Βάτραχοι
βρεκεκεκὲξ κοὰξ κοάξ.
Διόνυσος
οἰμώζετ'· οὐ γάρ μοι μέλει.
Βάτραχοι
ἀλλὰ μὴν κεκραξόμεσθά γ'
ὁπόσον ἡ φάρυξ ἂν ἡμῶν
χανδάνῃ δι' ἡμέρας. 260
Διόνυσος
βρεκεκεκὲξ κοὰξ κοάξ.
τούτῳ γὰρ οὐ νικήσετε.
Βάτραχοι
οὐδὲ μὴν ἡμᾶς σὺ πάντως. 263
Διόνυσος
οὐδὲ μὴν ὑμεῖς γ' ἐμὲ
οὐδέποτε· κεκράξομαι γὰρ
κἂν δέῃ δι' ἡμέρας 265
<βρεκεκεκὲξ κοὰξ κοάξ,> 265β
ἕως ἂν ὑμῶν ἐπικρατήσω τῷ κοάξ,
βρεκεκεκὲξ κοὰξ κοάξ.
Διόνυσος
ἔμελλον ἄρα παύσειν ποθ' ὑμᾶς τοῦ κοάξ.
Χάρων
ὢ παῦε παῦε, παραβαλοῦ τὼ κωπίω,

ἔκβαιν', ἀπόδος τὸν ναῦλον. 270
Διόνυσος
ἔχε δὴ τὠβολώ.
ὁ Ξανθίας. ποῦ Ξανθίας; ἦ Ξανθία.
Ξανθίας
ἰαῦ.
Διόνυσος
βάδιζε δεῦρο.
Ξανθίας
χαῖρ' ὦ δέσποτα.
Διόνυσος
τί ἔστι τἀνταυθοῖ;
Ξανθίας
σκότος καὶ βόρβορος.
Διόνυσος
κατεῖδες οὖν που τοὺς πατραλοίας αὐτόθι
καὶ τοὺς ἐπιόρκους, οὓς ἔλεγεν ἡμῖν; 275
Ξανθίας
σὺ δ' οὔ;
Διόνυσος
νὴ τὸν Ποσειδῶ 'γωγε, καὶ νυνί γ' ὁρῶ.
ἄγε δὴ τί δρῶμεν;
Ξανθίας
προϊέναι βέλτιστα νῷν,
ὡς οὗτος ὁ τόπος ἐστὶν οὗ τὰ θηρία
τὰ δείν' ἔφασκ' ἐκεῖνος.
Διόνυσος
ὡς οἰμώξεται.
ἠλαζονεύεθ' ἵνα φοβηθείην ἐγώ, 280
εἰδώς με μάχιμον ὄντα φιλοτιμούμενος.
οὐδὲν γὰρ οὕτω γαῦρόν ἐσθ' ὡς Ἡρακλῆς.
ἐγὼ δέ γ' εὐξαίμην ἂν ἐντυχεῖν τινι

λαβεῖν τ' ἀγώνισμ' ἄξιόν τι τῆς ὁδοῦ.
Ξανθίας
νὴ τὸν Δία καὶ μὴν αἰσθάνομαι ψόφου τινός. 285
Διόνυσος
ποῦ ποῦ 'στιν;
Ξανθίας
ἐξόπισθεν.
Διόνυσος
ἐξόπισθ' ἴθι.
Ξανθίας
ἀλλ' ἐστὶν ἐν τῷ πρόσθε.
Διόνυσος
πρόσθε νυν ἴθι.
Ξανθίας
καὶ μὴν ὁρῶ νὴ τὸν Δία θηρίον μέγα.
Διόνυσος
ποῖόν τι;
Ξανθίας
δεινόν· παντοδαπὸν γοῦν γίγνεται
τοτὲ μέν γε βοῦς, νυνὶ δ' ὀρεύς, τοτὲ δ' αὖ γυνὴ 290
ὡραιοτάτη τις.
Διόνυσος
ποῦ 'στι; φέρ' ἐπ' αὐτὴν ἴω.
Ξανθίας
ἀλλ' οὐκέτ' αὖ γυνή 'στιν, ἀλλ' ἤδη κύων.
Διόνυσος
Ἔμπουσα τοίνυν ἐστί.
Ξανθίας
πυρὶ γοῦν λάμπεται
ἅπαν τὸ πρόσωπον.
Διόνυσος
καὶ σκέλος χαλκοῦν ἔχει;

Ξανθίας
νὴ τὸν Ποσειδῶ, καὶ βολίτινον θάτερον, 295
σάφ' ἴσθι.
Διόνυσος
ποῖ δῆτ' ἂν τραποίμην;
Ξανθίας
ποῖ δ' ἐγώ;
Διόνυσος
ἱερεῦ διαφύλαξόν μ', ἵν' ὦ σοι ξυμπότης.
Ξανθίας
ἀπολούμεθ' ὦναξ Ἡράκλεις.
Διόνυσος
οὐ μὴ καλεῖς μ'
ὦνθρωφ', ἱκετεύω, μηδὲ κατερεῖς τοὔνομα.
Ξανθίας
Διόνυσε τοίνυν. 300
Διόνυσος
τοῦτό γ' ἧττον θατέρου.
ἴθ' ᾗπερ ἔρχει.
Ξανθίας
δεῦρο δεῦρ' ὦ δέσποτα.
Διόνυσος
τί δ' ἔστι;
Ξανθίας
θάρρει· πάντ' ἀγαθὰ πεπράγαμεν,
ἔξεστί θ' ὥσπερ Ἡγέλοχος ἡμῖν λέγειν,
"ἐκ κυμάτων γὰρ αὖθις αὖ γαλῆν ὁρῶ".
ἤμπουσα φρούδη. 305
Διόνυσος
κατόμοσον.
Ξανθίας
νὴ τὸν Δία.

Διόνυσος
καὖθις κατόμοσον.
Ξανθίας
νὴ Δί'.
Διόνυσος
ὄμοσον.
Ξανθίας
νὴ Δία.
Διόνυσος
οἴμοι τάλας, ὡς ὠχρίασ' αὐτὴν ἰδών.
Ξανθίας
ὁδὶ δὲ δείσας ὑπερεπυρρίασέ σου.
Διόνυσος
οἴμοι, πόθεν μοι τὰ κακὰ ταυτὶ προσέπεσεν;
τίν' αἰτιάσομαι θεῶν μ' ἀπολλύναι; 310
Ξανθίας
αἰθέρα Διὸς δωμάτιον ἢ χρόνου πόδα;
αὐλεῖ τις ἔνδοθεν)
Διόνυσος
οὗτος.
Ξανθίας
τί ἔστιν;
Διόνυσος
οὐ κατήκουσας;
Ξανθίας
τίνος;
Διόνυσος
αὐλῶν πνοῆς.
Ξανθίας
ἔγωγε, καὶ δᾴδων γέ με
αὔρα τις εἰσέπνευσε μυστικωτάτη.

Διόνυσος
ἀλλ' ἠρεμὶ πτήξαντες ἀκροασώμεθα. 315
Χορός
Ἴακχ' ὦ Ἴακχε.
Ἴακχ' ὦ Ἴακχε.
Ξανθίας
τοῦτ' ἔστ' ἐκεῖν' ὦ δέσποθ'· οἱ μεμυημένοι
ἐνταῦθά που παίζουσιν, οὓς ἔφραζε νῷν.
ᾄδουσι γοῦν τὸν Ἴακχον ὅνπερ Διαγόρας. 320
Διόνυσος
κἀμοὶ δοκοῦσιν. ἡσυχίαν τοίνυν ἄγειν
βέλτιστόν ἐσθ', ἕως ἂν εἰδῶμεν σαφῶς.
Χορός
Ἴακχ' ὦ πολυτίμητ' ἐν ἕδραις ἐνθάδε ναίων,
Ἴακχ' ὦ Ἴακχε, 325
ἐλθὲ τόνδ' ἀνὰ λειμῶνα χορεύσων
ὁσίους ἐς θιασώτας,
πολύκαρπον μὲν τινάσσων
περὶ κρατὶ σῷ βρύοντα
στέφανον μύρτων, θρασεῖ δ' ἐγκατακρούων 330
ποδὶ τὰν ἀκόλαστον
φιλοπαίγμονα τιμάν,
χαρίτων πλεῖστον ἔχουσαν μέρος, ἁγνάν, ἱερὰν 335
ὁσίοις μύσταις χορείαν.
Ξανθίας
ὦ πότνια πολυτίμητε Δήμητρος κόρη,
ὡς ἡδύ μοι προσέπνευσε χοιρείων κρεῶν.
Διόνυσος
οὔκουν ἀτρέμ' ἕξεις, ἤν τι καὶ χορδῆς λάβῃς;
Χορός
"ἔγειρε φλογέας λαμπάδας ἐν χερσὶ γὰρ ἥκει τινάσσων",
Ἴακχ' ὦ Ἴακχε, 341

νυκτέρου τελετῆς φωσφόρος ἀστήρ.
φλογὶ φέγγεται δὲ λειμών·
γόνυ πάλλεται γερόντων· 345
ἀποσείονται δὲ λύπας
χρονίους τ' ἐτῶν παλαιῶν ἐνιαυτοὺς
ἱερᾶς ὑπὸ τιμᾶς. 350
σὺ δὲ λαμπάδι "φλέγων"
προβάδην ἔξαγ' ἐπ' ἀνθηρὸν ἔλειον δάπεδον
χοροποιὸν μάκαρ ἤβαν.
εὐφημεῖν χρὴ κἀξίστασθαι τοῖς ἡμετέροισι χοροῖσιν,
ὅστις ἄπειρος τοιῶνδε λόγων ἢ γνώμῃ μὴ καθαρεύει, 355
ἢ γενναίων ὄργια Μουσῶν μήτ' εἶδεν μήτ' ἐχόρευσεν,
μηδὲ Κρατίνου τοῦ ταυροφάγου γλώττης Βακχεῖ' ἐτελέσθη,
ἢ βωμολόχοις ἔπεσιν χαίρει μὴ ν' καιρῷ τοῦτο ποιοῦσιν,
ἢ στάσιν ἐχθρὰν μὴ καταλύει μηδ' εὔκολός ἐστι πολίταις,
ἀλλ' ἀνεγείρει καὶ ῥιπίζει κερδῶν ἰδίων ἐπιθυμῶν, 360
ἢ τῆς πόλεως χειμαζομένης ἄρχων καταδωροδοκεῖται,
ἢ προδίδωσιν φρούριον ἢ ναῦς, ἢ τἀπόρρητ' ἀποπέμπει
ἐξ Αἰγίνης Θωρυκίων ὢν εἰκοστολόγος κακοδαίμων,
ἀσκώματα καὶ λίνα καὶ πίτταν διαπέμπων εἰς Ἐπίδαυρον,
ἢ χρήματα ταῖς τῶν ἀντιπάλων ναυσὶν παρέχειν τινὰ
πείθει, 365
ἢ κατατιλᾷ τῶν Ἑκαταίων κυκλίοισι χοροῖσιν ὑπᾴδων,
ἢ τοὺς μισθοὺς τῶν ποιητῶν ῥήτωρ ὢν εἶτ' ἀποτρώγει,
κωμῳδηθεὶς ἐν ταῖς πατρίοις τελεταῖς ταῖς τοῦ Διονύσου·
τούτοις αὐδῶ καὖθις ἀπαυδῶ καὖθις τὸ τρίτον μάλ'
ἀπαυδῶ
ἐξίστασθαι μύσταισι χοροῖς· ὑμεῖς δ' ἀνεγείρετε μολπὴν 370
καὶ παννυχίδας τὰς ἡμετέρας αἳ τῇδε πρέπουσιν ἑορτῇ.

χώρει νυν πᾶς ἀνδρείως
ἐς τοὺς εὐανθεῖς κόλπους

λειμώνων ἐγκρούων
κἀπισκώπτων 375
καὶ παίζων καὶ χλευάζων,
ἠρίστηται δ' ἐξαρκούντως.
ἀλλ' ἔμβα χὤπως ἀρεῖς
τὴν Σώτειραν γενναίως
τῇ φωνῇ μολπάζων, 380
ἢ τὴν χώραν
σῴζειν φῄσ' ἐς τὰς ὥρας,
κἂν Θωρυκίων μὴ βούληται.

ἄγε νυν ἑτέραν ὕμνων ἰδέαν τὴν καρποφόρον βασίλειαν
Δήμητρα θεὰν ἐπικοσμοῦντες ζαθέαις μολπαῖς κελαδεῖτε.

Δήμητερ ἁγνῶν ὀργίων
ἄνασσα συμπαραστάτει, 387
καὶ σῷζε τὸν σαυτῆς χορόν,
καί μ' ἀσφαλῶς πανήμερον
παῖσαί τε καὶ χορεῦσαι· 390
καὶ πολλὰ μὲν γέλοιά μ' εἰ-
πεῖν, πολλὰ δὲ σπουδαῖα, καὶ
τῆς σῆς ἑορτῆς ἀξίως
παίσαντα καὶ σκώψαντα νικήσαντα
ταινιοῦσθαι. 395
ἄγ' εἶα
νῦν καὶ τὸν ὡραῖον θεὸν παρακαλεῖτε δεῦρο
ᾠδαῖσι, τὸν ξυνέμπορον τῆσδε τῆς χορείας.

Ἴακχε πολυτίμητε, μέλος ἑορτῆς
ἥδιστον εὑρών, δεῦρο συνακολούθει 400
πρὸς τὴν θεὸν
καὶ δεῖξον ὡς ἄνευ πόνου
πολλὴν ὁδὸν περαίνεις.

Ἴακχε φιλοχορευτὰ συμπρόπεμπέ με.
σὺ γὰρ κατεσχίσω μὲν ἐπὶ γέλωτι
κἀπ' εὐτελείᾳ τόδε τὸ σανδαλίσκον 406
καὶ τὸ ῥάκος,
κἀξηῦρες ὥστ' ἀζημίους
παίζειν τε καὶ χορεύειν.
Ἴακχε φιλοχορευτὰ συμπρόπεμπέ με. 410
καὶ γὰρ παραβλέψας τι μειρακίσκης
νῦν δὴ κατεῖδον καὶ μάλ' εὐπροσώπου
συμπαιστρίας
χιτωνίου παραρραγέν-
τος τιτθίον προκύψαν. 415
Ἴακχε φιλοχορευτὰ συμπρόπεμπέ με.
Διόνυσος
ἐγὼ δ' ἀεί πως φιλακόλου-
θός εἰμι καὶ μετ' αὐτῆς
παίζων χορεύειν βούλομαι.
Ξανθίας
κἄγωγε πρός.
Χορός
βούλεσθε δῆτα κοινῇ
σκώψωμεν Ἀρχέδημον; 421
ὃς ἑπτέτης ὢν οὐκ ἔφυσε φράτερας.
νυνὶ δὲ δημαγωγεῖ
ἐν τοῖς ἄνω νεκροῖσι,
κἄστὶν τὰ πρῶτα τῆς ἐκεῖ μοχθηρίας. 425
τὸν Κλεισθένους δ' ἀκούω 426
ἐν ταῖς ταφαῖσι πρωκτὸν
τίλλειν ἑαυτοῦ καὶ σπαράττειν τὰς γνάθους·
κἀκόπτετ' ἐγκεκυφώς,
κἄκλαε κἀκεκράγει 430
Σεβῖνον ὅστις ἐστὶν ἀναφλύστιος.

καὶ Καλλίαν γέ φασι 432
τοῦτον τὸν Ἱπποβίνου
κύσθου λεοντῆν ναυμαχεῖν ἐνημμένον.
Διόνυσος
ἔχοιτ' ἂν οὖν φράσαι νῷν 435
Πλούτων' ὅπου 'νθάδ' οἰκεῖ;
ξένω γὰρ ἐσμεν ἀρτίως ἀφιγμένω.
Χορός
μηδὲν μακρὰν ἀπέλθῃς,
μηδ' αὖθις ἐπανέρῃ με,
ἀλλ' ἴσθ' ἐπ' αὐτὴν θύραν ἀφιγμένος. 440
Διόνυσος
αἴροι' ἂν αὖθις ὦ παῖ.
Ξανθίας
τουτὶ τί ἦν τὸ πρᾶγμα;
ἀλλ' ἢ Διὸς Κόρινθος ἐν τοῖς στρώμασιν.
Χορός
χωρεῖτε
νῦν ἱερὸν ἀνὰ κύκλον θεᾶς, ἀνθοφόρον ἀν' ἄλσος 445
παίζοντες οἷς μετουσία θεοφιλοῦς ἑορτῆς·
ἐγὼ δὲ σὺν ταῖσιν κόραις εἶμι καὶ γυναιξίν,
οὗ παννυχίζουσιν θεᾷ, φέγγος ἱερὸν οἴσων.
χωρῶμεν ἐς πολυρρόδους
λειμῶνας ἀνθεμώδεις, 450
τὸν ἡμέτερον τρόπον
τὸν καλλιχορώτατον
παίζοντες, ὃν ὄλβιαι
Μοῖραι ξυνάγουσιν.
μόνοις γὰρ ἡμῖν ἥλιος 455
καὶ φέγγος ἱλαρόν ἐστιν,
ὅσοι μεμυήμεθ' εὐ-
σεβῆ τε διήγομεν 457β

τρόπον περὶ τοὺς ξένους
καὶ τοὺς ἰδιώτας.
Διόνυσος
ἄγε δὴ τίνα τρόπον τὴν θύραν κόψω; τίνα; 460
πῶς ἐνθάδ᾽ ἄρα κόπτουσιν οὑπιχώριοι;
Ξανθίας
οὐ μὴ διατρίψεις, ἀλλὰ γεύσει τῆς θύρας,
καθ᾽ Ἡρακλέα τὸ σχῆμα καὶ τὸ λῆμ᾽ ἔχων.
Διόνυσος
παῖ παῖ.
Αἰακός
τίς οὗτος;
Διόνυσος
Ἡρακλῆς ὁ καρτερός.
Αἰακός
ὦ βδελυρὲ κἀναίσχυντε καὶ τολμηρὲ σὺ 465
καὶ μιαρὲ καὶ παμμίαρε καὶ μιαρώτατε,
ὃς τὸν κύν᾽ ἡμῶν ἐξελάσας τὸν Κέρβερον
ἀπῇξας ἄγχων κἀποδρὰς ᾤχου λαβών,
ὃν ἐγὼ 'φύλαττον. ἀλλὰ νῦν ἔχει μέσος·
τοία Στυγός σε μελανοκάρδιος πέτρα 470
Ἀχερόντιός τε σκόπελος αἱματοσταγὴς
φρουροῦσι, Κωκυτοῦ τε περίδρομοι κύνες,
ἔχιδνά θ᾽ ἑκατογκέφαλος, ἣ τὰ σπλάγχνα σου
διασπαράξει, πλευμόνων τ᾽ ἀνθάψεται
Ταρτησία μύραινα· τὼ νεφρὼ δέ σου 475
αὐτοῖσιν ἐντέροισιν ᾑματωμένω
διασπάσονται Γοργόνες Τειθράσιαι,
ἐφ᾽ ἃς ἐγὼ δρομαῖον ὁρμήσω πόδα.
Ξανθίας
οὗτος τί δέδρακας;

Διόνυσος
ἐγκέχοδα· κάλει θεόν.
Ξανθίας
ὦ καταγέλαστ' οὔκουν ἀναστήσει ταχὺ 480
πρίν τινά σ' ἰδεῖν ἀλλότριον;
Διόνυσος
ἀλλ' ὡρακιῶ.
ἀλλ' οἶσε πρὸς τὴν καρδίαν μου σφογγιάν.
Ξανθίας
ἰδοὺ λαβέ, προσθοῦ.
Διόνυσος
ποῦ 'στιν;
Ξανθίας
ὦ χρυσοῖ θεοὶ
ἐνταῦθ' ἔχεις τὴν καρδίαν;
Διόνυσος
δείσασα γὰρ
ἐς τὴν κάτω μου κοιλίαν καθείρπυσεν. 485
Ξανθίας
ὦ δειλότατε θεῶν σὺ κἀνθρώπων.
Διόνυσος
ἐγώ;
πῶς δειλὸς ὅστις σφογγιὰν ᾔτησά σε;
οὐκ ἂν ἕτερός γ' αὔτ' ἠργάσατ' ἀνήρ.
Ξανθίας
ἀλλὰ τί;
Διόνυσος
κατέκειτ' ἂν ὀσφραινόμενος, εἴπερ δειλὸς ἦν·
ἐγὼ δ' ἀνέστην καὶ προσέτ' ἀπεψησάμην. 490
Ξανθίας
ἀνδρεῖά γ' ὦ Πόσειδον.

Διόνυσος
οἶμαι νὴ Δία.
σὺ δ' οὐκ ἔδεισας τὸν ψόφον τῶν ῥημάτων
καὶ τὰς ἀπειλάς;
Ξανθίας
οὐ μὰ Δί' οὐδ' ἐφρόντισα.
Διόνυσος
ἴθι νυν ἐπειδὴ ληματίας κἀνδρεῖος εἶ,
σὺ μὲν γενοῦ 'γὼ τὸ ῥόπαλον τουτὶ λαβὼν 495
καὶ τὴν λεοντῆν, εἴπερ ἀφοβόσπλαγχνος εἶ·
ἐγὼ δ' ἔσομαί σοι σκευοφόρος ἐν τῷ μέρει.
Ξανθίας
φέρε δὴ ταχέως αὔτ'· οὐ γὰρ ἀλλὰ πειστέον·
καὶ βλέψον ἐς τὸν Ἡρακλειοξανθίαν,
εἰ δειλὸς ἔσομαι καὶ κατὰ σὲ τὸ λῆμ' ἔχων. 500
Διόνυσος
μὰ Δί' ἀλλ' ἀληθῶς οὑκ Μελίτης μαστιγίας.
φέρε νυν ἐγὼ τὰ στρώματ' αἴρωμαι ταδί.
Θεράπαινα
ὦ φίλταθ' ἥκεις Ἡράκλεις; δεῦρ' εἴσιθι.
ἡ γὰρ θεός <σ'> ὡς ἐπύθεθ' ἥκοντ', εὐθέως
ἔπεττεν ἄρτους, ἧψε κατερεικτῶν χύτρας 505
ἔτνους δύ' ἢ τρεῖς, βοῦν ἀπηνθράκιζ' ὅλον,
πλακοῦντας ὤπτα κολλάβους. ἀλλ' εἴσιθι.
Ξανθίας
κάλλιστ', ἐπαινῶ.
Θεράπαινα
μὰ τὸν Ἀπόλλω οὐ μή σ' ἐγὼ
περιόψομἀπελθόντ', ἐπεί τοι καὶ κρέα
ἀνέβραττεν ὀρνίθεια, καὶ τραγήματα 510
ἔφρυγε, κᾦνον ἀνεκεράννυ γλυκύτατον.
ἀλλ' εἴσιθ' ἅμ' ἐμοί.

Ξανθίας
πάνυ καλῶς.
Θεράπαινα
ληρεῖς ἔχων
οὐ γάρ σ' ἀφήσω. καὶ γὰρ αὐλητρίς γέ σοι
ἥδ' ἔνδον ἔσθ' ὡραιοτάτη κὠρχηστρίδες
ἕτεραι δύ' ἢ τρεῖς. 515
Ξανθίας
πῶς λέγεις; ὀρχηστρίδες;
Θεράπαινα
ἡβυλλιῶσαι κἄρτι παρατετιλμέναι.
ἀλλ' εἴσιθ', ὡς ὁ μάγειρος ἤδη τὰ τεμάχη
ἔμελλ' ἀφαιρεῖν χἠ τράπεζ' εἰσῄρετο.
Ξανθίας
ἴθι νυν φράσον πρώτιστα ταῖς ὀρχηστρίσιν
ταῖς ἔνδον οὔσαις αὐτὸς ὅτι εἰσέρχομαι. 520
ὁ παῖς ἀκολούθει δεῦρο τὰ σκεύη φέρων.
Διόνυσος
ἐπίσχες οὗτος. οὔ τί που σπουδὴν ποιεῖ,
ὁτιή σε παίζων Ἡρακλέα 'νεσκεύασα;
οὐ μὴ φλυαρήσεις ἔχων ὦ Ξανθία,
ἀλλ' ἀράμενος οἴσεις πάλιν τὰ στρώματα. 525
Ξανθίας
τί δ' ἔστιν; οὔ τι πού μ' ἀφελέσθαι διανοεῖ
ἅδωκας αὐτός;
Διόνυσος
οὐ τάχ', ἀλλ' ἤδη ποιῶ.
κατάθου τὸ δέρμα.
Ξανθίας
ταῦτ' ἐγὼ μαρτύρομαι
καὶ τοῖς θεοῖσιν ἐπιτρέπω.

Διόνυσος
ποίοις θεοῖς;
τὸ δὲ προσδοκῆσαί σ' οὐκ ἀνόητον καὶ κενὸν 530
ὡς δοῦλος ὢν καὶ θνητὸς Ἀλκμήνης ἔσει;
Ξανθίας
ἀμέλει καλῶς· ἔχ' αὕτ'. ἴσως γάρ τοί ποτε
ἐμοῦ δεηθείης ἄν, εἰ θεὸς θέλοι.
Χορός
ταῦτα μὲν πρὸς ἀνδρός ἐστι
νοῦν ἔχοντος καὶ φρένας καὶ
πολλὰ περιπεπλευκότος, 535
μετακυλίνδειν αὑτὸν ἀεὶ
πρὸς τὸν εὖ πράττοντα τοῖχον
μᾶλλον ἢ γεγραμμένην
εἰκόν' ἑστάναι, λαβόνθ' ἓν
σχῆμα· τὸ δὲ μεταστρέφεσθαι
πρὸς τὸ μαλθακώτερον
δεξιοῦ πρὸς ἀνδρός ἐστι 540
καὶ φύσει Θηραμένους.
Διόνυσος
οὐ γὰρ ἂν γέλοιον ἦν, εἰ
Ξανθίας μὲν δοῦλος ὢν ἐν
στρώμασιν Μιλησίοις
ἀνατετραμμένος κυνῶν ὀρ-
χηστρίδ' εἶτ' ᾔτησεν ἀμίδ', ἐγὼ
δὲ πρὸς τοῦτον βλέπων
τοὐρεβίνθου 'δραττόμην, οὗ- 545
τος δ' ἅτ' ὢν αὐτὸς πανοῦργος
εἶδε, κᾆτ' ἐκ τῆς γνάθου
πὺξ πατάξας μοὐξέκοψε
τοῦ χοροῦ τοὺς προσθίους; 548
Πανδοκευτρία

Πλαθάνη Πλαθάνη δεῦρ' ἔλθ', ὁ πανοῦργος οὑτοσί,
ὃς ἐς τὸ πανδοκεῖον εἰσελθών ποτε 550
ἐκκαίδεκ' ἄρτους κατέφαγ' ἡμῶν.
Πλαθάνη
νὴ Δία
ἐκεῖνος αὐτὸς δῆτα.
Ξανθίας
κακὸν ἥκει τινί.
Πανδοκευτρία
καὶ κρέα γε πρὸς τούτοισιν ἀνάβραστ' εἴκοσιν
ἀν' ἡμιωβολιαῖα.
Ξανθίας
δώσει τις δίκην.
Πανδοκευτρία
καὶ τὰ σκόροδα τὰ πολλά. 555
Διόνυσος
ληρεῖς ὦ γύναι
κοὐκ οἶσθ' ὅ τι λέγεις.
Πανδοκευτρία
οὐ μὲν οὖν με προσεδόκας,
ὁτιὴ κοθόρνους εἶχες, ἂν γνῶναί σ' ἔτι;
τί δαί; τὸ πολὺ τάριχος οὐκ εἴρηκά πω.
Πλαθάνη.
μὰ Δί' οὐδὲ τὸν τυρόν γε τὸν χλωρὸν τάλαν,
ὃν οὗτος αὐτοῖς τοῖς ταλάροις κατήσθιεν 560
Πανδοκευτρία
κᾆπειτ' ἐπειδὴ τἀργύριον ἐπραττόμην,
ἔβλεψεν ἔς με δριμὺ κἀμυκᾶτό γε.
Ξανθίας
τούτου πάνυ τοὔργον· οὗτος ὁ τρόπος πανταχοῦ.
Πανδοκευτρία
καὶ τὸ ξίφος γ' ἐσπᾶτο μαίνεσθαι δοκῶν.

Πλαθάνη
νὴ Δία τάλαινα. 565
Πανδοκευτρία
νὼ δὲ δεισάσα γέ που
ἐπὶ τὴν κατήλιφ' εὐθὺς ἀνεπηδήσαμεν·
ὁ δ' ᾤχετ' ἐξᾴξας γε τὰς ψιάθους λαβών.
Ξανθίας
καὶ τοῦτο τούτου τοὔργον.
Πλαθάνη
ἀλλ' ἐχρῆν τι δρᾶν.
Πανδοκευτρία
ἴθι δὴ κάλεσον τὸν προστάτην Κλέωνά μοι.
Πλαθάνη
σὺ δ' ἔμοιγ' ἐάνπερ ἐπιτύχῃς Ὑπέρβολον, 570
ἵν' αὐτὸν ἐπιτρίψωμεν.
Πανδοκευτρία
ὦ μιαρὰ φάρυξ,
ὡς ἡδέως ἄν σου λίθῳ τοὺς γομφίους
κόπτοιμ' ἄν, οἷς μου κατέφαγες τὰ φορτία.
Πλαθάνη
ἐγὼ δέ γ' ἐς τὸ βάραθρον ἐμβάλοιμί σε.
Πανδοκευτρία
ἐγὼ δὲ τὸν λάρυγγ' ἂν ἐκτέμοιμί σου 575
δρέπανον λαβοῦσ', ᾧ τὰς χόλικας κατέσπασας.
Πλαθάνη.
ἀλλ' εἶμ' ἐπὶ τὸν Κλέων', ὃς αὐτοῦ τήμερον
ἐκπηνιεῖται ταῦτα προσκαλούμενος.
Διόνυσος
κάκιστ' ἀπολοίμην, Ξανθίαν εἰ μὴ φιλῶ.
Ξανθίας
οἶδ' οἶδα τὸν νοῦν· παῦε παῦε τοῦ λόγου. 580
οὐκ ἂν γενοίμην Ἡρακλῆς ἄν.

Διόνυσος
μηδαμῶς
ὦ Ξανθίδιον.
Ξανθίας
καὶ πῶς ἂν Ἀλκμήνης ἐγὼ
υἱὸς γενοίμην δοῦλος ἅμα καὶ θνητὸς ὤν;
Διόνυσος
οἶδ' οἶδ' ὅτι θυμοῖ, καὶ δικαίως αὐτὸ δρᾷς·
κἂν εἴ με τύπτοις, οὐκ ἂν ἀντείποιμί σοι. 585
ἀλλ' ἤν σε τοῦ λοιποῦ ποτ' ἀφέλωμαι χρόνου,
πρόρριζος αὐτός, ἡ γυνή, τὰ παιδία,
κάκιστ' ἀπολοίμην, κἀρχέδημος ὁ γλάμων.
Ξανθίας
δέχομαι τὸν ὅρκον κἀπὶ τούτοις λαμβάνω.
Χορός
νῦν σὸν ἔργον ἔστ', ἐπειδὴ 590
τὴν στολὴν εἴληφας ἥνπερ
εἶχες ἐξ ἀρχῆς πάλιν,
ἀνανεάζειν ...
καὶ βλέπειν αὖθις τὸ δεινόν,
τοῦ θεοῦ μεμνημένον
ᾧπερ εἰκάζεις σεαυτόν.
εἰ δὲ παραληρῶν ἁλώσει
κἀκβαλεῖς τι μαλθακόν, 595
αὖθις αἴρεσθαί σ' ἀνάγκη
'σται πάλιν τὰ στρώματα.
Ξανθίας
οὐ κακῶς ὦνδρες παραινεῖτ',
ἀλλὰ καὐτὸς τυγχάνω ταῦτ'
ἄρτι συννοούμενος.
ὅτι μὲν οὖν, ἢν χρηστὸν ᾖ τι,
ταῦτ' ἀφαιρεῖσθαι πάλιν πειράσεταί 600

μ' εὖ οἶδ' ὅτι. 600β
ἀλλ' ὅμως ἐγὼ παρέξω
'μαυτὸν ἀνδρεῖον τὸ λῆμα
καὶ βλέποντ' ὀρίγανον.
δεῖν δ' ἔοικεν, ὡς ἀκούω
τῆς θύρας καὶ δὴ ψόφον. 604β
Ἄιακος
ξυνδεῖτε ταχέως τουτονὶ τὸν κυνοκλόπον, 605
ἵνα δῷ δίκην· ἀνύετον.
Διόνυσος
ἥκει τῳ κακόν.
Ξανθίας
οὐκ ἐς κόρακας; μὴ πρόσιτον.
Ἄιακος
εἶεν, καὶ μάχει;
ὁ Διτύλας χὠ Σκεβλύας χὠ Παρδόκας
χωρεῖτε δευρὶ καὶ μάχεσθε τουτῳί.
Διόνυσος
εἶτ' οὐχὶ δεινὰ ταῦτα, τύπτειν τουτονὶ 610
κλέπτοντα πρὸς τἀλλότρια;
Ἄιακος
μάλλ' ὑπερφυᾶ.
Διόνυσος
σχέτλια μὲν οὖν καὶ δεινά.
Ξανθίας
καὶ μὴν νὴ Δία
εἰ πώποτ' ἦλθον δεῦρ', ἐθέλω τεθνηκέναι,
ἢ 'κλεψα τῶν σῶν ἄξιόν τι καὶ τριχός.
καί σοι ποιήσω πρᾶγμα γενναῖον πάνυ· 615
βασάνιζε γὰρ τὸν παῖδα τουτονὶ λαβών,
κἄν ποτέ μ' ἕλῃς ἀδικοῦντ', ἀπόκτεινόν μ' ἄγων.

Αἰακός
καὶ πῶς βασανίσω;
Ξανθίας
πάντα τρόπον, ἐν κλίμακι
δήσας κρεμάσας ὑστριχίδι μαστιγῶν, δέρων,
στρεβλῶν, ἔτι δ' ἐς τὰς ῥῖνας ὄξος ἐγχέων, 620
πλίνθους ἐπιτιθείς, πάντα τἄλλα, πλὴν πράσῳ
μὴ τύπτε τοῦτον μηδὲ γητείῳ νέῳ.
Αἰακός
δίκαιος ὁ λόγος· κἄν τι πηρώσω γέ σου
τὸν παῖδα τύπτων, τἀργύριόν σοι κείσεται.
Ξανθίας
μὴ δῆτ' ἔμοιγ'. οὕτω δὲ βασάνιζ' ἀπαγαγών. 625
Αἰακός
αὐτοῦ μὲν οὖν, ἵνα σοὶ κατ' ὀφθαλμοὺς λέγῃ.
κατάθου σὺ τὰ σκεύη ταχέως, χὤπως ἐρεῖς
ἐνταῦθα μηδὲν ψεῦδος.
Διόνυσος
ἀγορεύω τινὶ
ἐμὲ μὴ βασανίζειν ἀθάνατον ὄντ'· εἰ δὲ μή,
αὐτὸς σεαυτὸν αἰτιῶ. 630
Αἰακός
λέγεις δὲ τί;
Διόνυσος
ἀθάνατος εἶναί φημι Διόνυσος Διός,
τοῦτον δὲ δοῦλον.
Αἰακός
ταῦτ' ἀκούεις;
Ξανθίας
φήμ' ἐγώ.
καὶ πολύ γε μᾶλλόν ἐστι μαστιγωτέος·
εἴπερ θεὸς γάρ ἐστιν, οὐκ αἰσθήσεται.

Διόνυσος
τί δῆτ', ἐπειδὴ καὶ σὺ φῂς εἶναι θεός, 635
οὐ καὶ σὺ τύπτει τὰς ἴσας πληγὰς ἐμοί;
Ξανθίας
δίκαιος ὁ λόγος· χὠπότερόν γ' ἂν νῷν ἴδῃς
κλαύσαντα πρότερον ἢ προτιμήσαντά τι
τυπτόμενον, εἶναι τοῦτον ἡγοῦ μὴ θεόν.
Αἰακός
οὐκ ἔσθ' ὅπως οὐκ εἶ σὺ γεννάδας ἀνήρ· 640
χωρεῖς γὰρ ἐς τὸ δίκαιον. ἀποδύεσθε δή.
Ξανθίας
πῶς οὖν βασανιεῖς νὼ δικαίως;
Αἰακός
ῥᾳδίως·
πληγὴν παρὰ πληγὴν ἑκάτερον.
Ξανθίας
καλῶς λέγεις.
Αἰακός
ἰδού.
Ξανθίας
σκόπει νυν ἤν μ' ὑποκινήσαντ' ἴδῃς.
Αἰακός
ἤδη 'πάταξά σ'. 645
Ξανθίας
οὐ μὰ Δί'.
Αἰακός
οὐδ' ἐμοὶ δοκεῖς.
ἀλλ' εἶμ' ἐπὶ τονδὶ καὶ πατάξω.
Διόνυσος
πηνίκα;
Αἰακός
καὶ δὴ 'πάταξα.

Διόνυσος
κᾆτα πῶς οὐκ ἔπταρον;
Αἰακός
οὐκ οἶδα· τουδὶ δ' αὖθις ἀποπειράσομαι.
Ξανθίας
οὔκουν ἀνύσεις τι; ἀττατα.
Αἰακός
τί τάττατα;
μῶν ὠδυνήθης; 650
Ξανθίας
οὐ μὰ Δί' ἀλλ' ἐφρόντισα
ὁπόθ' Ἡράκλεια τὰν Διομείοις γίγνεται.
Αἰακός
ἄνθρωπος ἱερός. δεῦρο πάλιν βαδιστέον.
Διόνυσος
ἰοὺ ἰού.
Αἰακός
τί ἔστιν;
Διόνυσος
ἱππέας ὁρῶ.
Αἰακός
τί δῆτα κλάεις;
Διόνυσος
κρομμύων ὀσφραίνομαι.
Αἰακός
ἐπεὶ προτιμᾷς γ' οὐδέν. 655
Διόνυσος
οὐδέν μοι μέλει.
Αἰακός
βαδιστέον τἄρ' ἐστὶν ἐπὶ τονδὶ πάλιν.
Ξανθίας
οἴμοι.

Αἰακος
τί ἔστι;
Ξανθίας
τὴν ἄκανθαν ἔξελε.
Αἰακος
τί τὸ πρᾶγμα τουτί; δεῦρο πάλιν βαδιστέον.
Διόνυσος
Ἄπολλον--ὅς που Δῆλον ἢ Πυθῶν' ἔχεις.
Ξανθίας
ἤλγησεν· οὐκ ἤκουσας; 660
Διόνυσος
οὐκ ἔγωγ', ἐπεὶ
ἴαμβον Ἱππώνακτος ἀνεμιμνησκόμην.
Ξανθίας
οὐδὲν ποιεῖς γάρ· ἀλλὰ τὰς λαγόνας σπόδει.
Αἰακος
μὰ τὸν Δί' ἀλλ' ἤδη πάρεχε τὴν γαστέρα.
Διόνυσος
Πόσειδον
Ξανθίας
ἤλγησέν τις.
Διόνυσος
ὃς Αἰγαίου πρῶνας ἢ γλαυκᾶς μέδεις ἁλὸς ἐν βένθεσιν. 665
Αἰακος
οὔ τοι μὰ τὴν Δήμητρα δύναμαί πω μαθεῖν 668
ὁπότερος ὑμῶν ἐστι θεός. ἀλλ' εἴσιτον·
ὁ δεσπότης γὰρ αὐτὸς ὑμᾶς γνώσεται 670
χἠ Φερρέφατθ', ἅτ' ὄντε κἀκείνω θεώ.
Διόνυσος
ὀρθῶς λέγεις· ἐβουλόμην δ' ἂν τοῦτό σε
πρότερον νοῆσαι, πρὶν ἐμὲ τὰς πληγὰς λαβεῖν.

Χορός
Μοῦσα χορῶν ἱερῶν· ἐπίβηθι καὶ ἔλθ' ἐπὶ τέρψιν ἀοιδᾶς
ἐμᾶς, 675
τὸν πολὺν ὀψομένη λαῶν· ὄχλον, οὗ σοφίαι
μυρίαι κάθηνται
φιλοτιμότεραι Κλεοφῶντος, ἐφ' οὗ δὴ χείλεσιν ἀμφιλάλοις
δεινὸν ἐπιβρέμεται 680
Θρηκία χελιδὼν
"ἐπὶ βάρβαρον ἑζομένη πέταλον"·
κελαδεῖ δ' ἐπίκλαυτον ἀηδόνιον νόμον, ὡς ἀπολεῖται,
κἂν ἴσαι γένωνται. 685
τὸν ἱερὸν χορὸν δίκαιόν ἐστι χρηστὰ τῇ πόλει
ξυμπαραινεῖν καὶ διδάσκειν. πρῶτον οὖν ἡμῖν δοκεῖ
ἐξισῶσαι τοὺς πολίτας κἀφελεῖν τὰ δείματα,
κεἴ τις ἥμαρτε σφαλείς τι Φρυνίχου παλαίσμασιν,
ἐγγενέσθαι φημὶ χρῆναι τοῖς ὀλισθοῦσιν τότε 690
αἰτίαν ἐκθεῖσι λῦσαι τὰς πρότερον ἁμαρτίας.
εἶτ' ἄτιμόν φημι χρῆναι μηδέν' εἶν' ἐν τῇ πόλει·
καὶ γὰρ αἰσχρόν ἐστι τοὺς μὲν ναυμαχήσαντας μίαν
καὶ Πλαταιᾶς εὐθὺς εἶναι κἀντὶ δούλων δεσπότας.
κοὐδὲ ταῦτ' ἔγωγ' ἔχοιμ' ἂν μὴ οὐ καλῶς φάσκειν ἔχειν,
ἀλλ' ἐπαινῶ· μόνα γὰρ αὐτὰ νοῦν ἔχοντ' ἐδράσατε.
πρὸς δὲ τούτοις εἰκὸς ὑμᾶς, οἳ μεθ' ὑμῶν πολλὰ δὴ 697
χοἰ πατέρες ἐναυμάχησαν καὶ προσήκουσιν γένει,
τὴν μίαν ταύτην παρεῖναι ξυμφορὰν αἰτουμένοις.
ἀλλὰ τῆς ὀργῆς ἀνέντες ὦ σοφώτατοι φύσει 700
πάντας ἀνθρώπους ἑκόντες συγγενεῖς κτησώμεθα
κἀπιτίμους καὶ πολίτας, ὅστις ἂν ξυνναυμαχῇ.
εἰ δὲ ταῦτ' ὀγκωσόμεσθα κἀποσεμνυνούμεθα,
τὴν πόλιν καὶ ταῦτ' ἔχοντες κυμάτων ἐν ἀγκάλαις,
ὑστέρῳ χρόνῳ ποτ' αὖθις εὖ φρονεῖν οὐ δόξομεν. 705
εἰ δ' ἐγὼ ὀρθὸς ἰδεῖν βίον ἀνέρος ἢ τρόπον ὅστις ἔτ'

οἰμώξεται,
οὐ πολὺν οὐδ' ὁ πίθηκος οὗτος ὁ νῦν ἐνοχλῶν,
Κλειγένης ὁ μικρός,
ὁ πονηρότατος βαλανεὺς ὁπόσοι κρατοῦσι κυκησιτέφρου
ψευδολίτρου κονίας 711
καὶ Κιμωλίας γῆς,
χρόνον ἐνδιατρίψει· ἰδὼν δὲ τάδ' οὐκ
εἰρηνικὸς ἔσθ', ἵνα μή ποτε κἀποδυθῇ μεθύων ἄνευ 715
ξύλου βαδίζων.
πολλάκις γ' ἡμῖν ἔδοξεν ἡ πόλις πεπονθέναι
ταὐτὸν ἔς τε τῶν πολιτῶν τοὺς καλούς τε κἀγαθοὺς
ἔς τε τἀρχαῖον νόμισμα καὶ τὸ καινὸν χρυσίον. 720
οὔτε γὰρ τούτοισιν οὖσιν οὐ κεκιβδηλευμένοις,
ἀλλὰ καλλίστοις ἁπάντων, ὡς δοκεῖ, νομισμάτων
καὶ μόνοις ὀρθῶς κοπεῖσι καὶ κεκωδωνισμένοις
ἔν τε τοῖς Ἕλλησι καὶ τοῖς βαρβάροισι πανταχοῦ
χρώμεθ' οὐδέν, ἀλλὰ τούτοις τοῖς πονηροῖς χαλκίοις
χθές τε καὶ πρώην κοπεῖσι τῷ κακίστῳ κόμματι. 726
τῶν πολιτῶν θ' οὓς μὲν ἴσμεν εὐγενεῖς καὶ σώφρονας
ἄνδρας ὄντας καὶ δικαίους καὶ καλούς τε κἀγαθοὺς
καὶ τραφέντας ἐν παλαίστραις καὶ χοροῖς καὶ μουσικῇ,
προυσελοῦμεν, τοῖς δὲ χαλκοῖς καὶ ξένοις καὶ πυρρίαις
καὶ πονηροῖς κἀκ πονηρῶν εἰς ἅπαντα χρώμεθα 731
ὑστάτοις ἀφιγμένοισιν, οἷσιν ἡ πόλις πρὸ τοῦ
οὐδὲ φαρμακοῖσιν εἰκῇ ῥᾳδίως ἐχρήσατ' ἄν.
ἀλλὰ καὶ νῦν ὠνόητοι μεταβαλόντες τοὺς τρόπους
χρῆσθε τοῖς χρηστοῖσιν αὖθις· καὶ κατορθώσασι γὰρ 735
εὔλογον, κἄν τι σφαλῆτ', ἐξ ἀξίου γοῦν τοῦ ξύλου,
ἤν τι καὶ πάσχητε, πάσχειν τοῖς σοφοῖς δοκήσετε.
Αἰακός
νὴ τὸν Δία τὸν σωτῆρα γεννάδας ἀνὴρ
ὁ δεσπότης σου.

Ξανθίας
πῶς γὰρ οὐχὶ γεννάδας,
ὅστις γε πίνειν οἶδε καὶ βινεῖν μόνον; 740
Αἰακός
τὸ δὲ μὴ πατάξαι σ' ἐξελεγχθέντ' ἄντικρυς,
ὅτι δοῦλος ὢν ἔφασκες εἶναι δεσπότης.
Ξανθίας
ᾤμωξε μέντἄν.
Αἰακός
τοῦτο μέντοι δουλικὸν
εὐθὺς πεποίηκας, ὅπερ ἐγὼ χαίρω ποιῶν.
Ξανθίας
χαίρεις, ἱκετεύω; 745
Αἰακός
μάλλ' ἐποπτεύειν δοκῶ,
ὅταν καταράσωμαι λάθρᾳ τῷ δεσπότῃ.
Ξανθίας
τί δὲ τονθορύζων, ἡνίκ' ἂν πληγὰς λαβὼν
πολλὰς ἀπίῃς θύραζε;
Αἰακός
καὶ τοῦθ' ἥδομαι.
Ξανθίας
τί δὲ πολλὰ πράττων;
Αἰακός
ὡς μὰ Δί' οὐδὲν οἶδ' ἐγώ.
Ξανθίας
ὁμόγνιε Ζεῦ· καὶ παρακούων δεσποτῶν 750
ἅττ' ἂν λαλῶσι;
Αἰακός
μάλλὰ πλεῖν ἢ μαίνομαι.
Ξανθίας
τί δὲ τοῖς θύραζε ταῦτα καταλαλῶν;

Ἄιακος
ἐγώ;
μὰ Δί᾽ ἀλλ᾽ ὅταν δρῶ τοῦτο, κάκμιαίνομαι.
Ξανθίας
ὦ Φοῖβ᾽ Ἄπολλον ἔμβαλέ μοι τὴν δεξιάν,
καὶ δὸς κύσαι καὐτὸς κύσον, καί μοι φράσον 755
πρὸς Διός, ὃς ἡμῖν ἐστιν ὀμομαστιγίας,
τίς οὗτος οὕνδον ἐστὶ θόρυβος καὶ βοὴ
χὠ λοιδορησμός;
Ἄιακος
Αἰσχύλου κεὐριπίδου.
Ξανθίας
ἆ.
Ἄιακος
πρᾶγμα πρᾶγμα μέγα κεκίνηται μέγα
ἐν τοῖς νεκροῖσι καὶ στάσις πολλὴ πάνυ. 760
Ξανθίας
ἐκ τοῦ;
Ἄιακος
νόμος τις ἐνθάδ᾽ ἐστὶ κείμενος
ἀπὸ τῶν τεχνῶν ὅσαι μεγάλαι καὶ δεξιαί,
τὸν ἄριστον ὄντα τῶν ἑαυτοῦ συντέχνων
σίτησιν αὐτὸν ἐν πρυτανείῳ λαμβάνειν
θρόνον τε τοῦ Πλούτωνος ἑξῆς--765
Ξανθίας
μανθάνω.
Ἄιακος
ἕως ἀφίκοιτο τὴν τέχνην σοφώτερος
ἕτερός τις αὐτοῦ· τότε δὲ παραχωρεῖν ἔδει.
Ξανθίας
τί δῆτα τουτὶ τεθορύβηκεν Αἰσχύλον;

47

Αἰακός
ἐκεῖνος εἶχε τὸν τραγῳδικὸν θρόνον,
ὡς ὢν κράτιστος τὴν τέχνην. 770
Ξανθίας
νυνὶ δὲ τίς;
Αἰακός
ὅτε δὴ κατῆλθ' Εὐριπίδης, ἐπεδείκνυτο
τοῖς λωποδύταις καὶ τοῖσι βαλλαντιοτόμοις
καὶ τοῖσι πατραλοίαισι καὶ τοιχωρύχοις,
ὅπερ ἔστ' ἐν Ἅιδου πλῆθος, οἱ δ' ἀκροώμενοι
τῶν ἀντιλογιῶν καὶ λυγισμῶν καὶ στροφῶν 775
ὑπερεμάνησαν κἀνόμισαν σοφώτατον·
κᾆπειτ' ἐπαρθεὶς ἀντελάβετο τοῦ θρόνου,
ἵν' Αἰσχύλος καθῆστο.
Ξανθίας
κοὐκ ἐβάλλετο;
Αἰακός
μὰ Δί' ἀλλ' ὁ δῆμος ἀνεβόα κρίσιν ποιεῖν
ὁπότερος εἴη τὴν τέχνην σοφώτερος. 780
Ξανθίας
ὁ τῶν πανούργων;
Αἰακός
νὴ Δί' οὐράνιόν γ' ὅσον.
Ξανθίας
μετ' Αἰσχύλου δ' οὐκ ἦσαν ἕτεροι σύμμαχοι;
Αἰακός
ὀλίγον τὸ χρηστόν ἐστιν, ὥσπερ ἐνθάδε.
Ξανθίας
τί δῆθ' ὁ Πλούτων δρᾶν παρασκευάζεται;
Αἰακός
ἀγῶνα ποιεῖν αὐτίκα μάλα καὶ κρίσιν 785
κἄλεγχον αὐτῶν τῆς τέχνης.

Ξανθίας
κἄπειτα πῶς
οὐ καὶ Σοφοκλέης ἀντελάβετο τοῦ θρόνου;
Αἰακός
μὰ Δί' οὐκ ἐκεῖνος, ἀλλ' ἔκυσε μὲν Αἰσχύλον,
ὅτε δὴ κατῆλθε, κἀνέβαλε τὴν δεξιάν,
κἀκεῖνος ὑπεχώρησεν αὐτῷ τοῦ θρόνου· 790
νυνὶ δ' ἔμελλεν, ὡς ἔφη Κλειδημίδης,
ἔφεδρος καθεδεῖσθαι· κἂν μὲν Αἰσχύλος κρατῇ,
ἕξειν κατὰ χώραν· εἰ δὲ μή, περὶ τῆς τέχνης
διαγωνιεῖσθ' ἔφασκε πρός γ' Εὐριπίδην.
Ξανθίας
τὸ χρῆμ' ἄρ' ἔσται; 795
Αἰακός
νὴ Δί' ὀλίγον ὕστερον.
κἀνταῦθα δὴ τὰ δεινὰ κινηθήσεται.
καὶ γὰρ ταλάντῳ μουσικὴ σταθμήσεται--
Ξανθίας
τί δέ; μειαγωγήσουσι τὴν τραγῳδίαν;
Αἰακός
καὶ κανόνας ἐξοίσουσι καὶ πήχεις ἐπῶν
καὶ πλαίσια ξύμπτυκτα-- 800
Ξανθίας
πλινθεύσουσι γάρ;
Αἰακός
καὶ διαμέτρους καὶ σφῆνας. ὁ γὰρ Εὐριπίδης
κατ' ἔπος βασανιεῖν φησι τὰς τραγῳδίας.
Ξανθίας
ἦ που βαρέως οἶμαι τὸν Αἰσχύλον φέρειν.
Αἰακός
ἔβλεψε γοῦν ταυρηδὸν ἐγκύψας κάτω.
Ξανθίας

κρινεῖ δὲ δὴ τίς ταῦτα; 805
Αἰακος
τοῦτ' ἦν δύσκολον·
σοφῶν γὰρ ἀνδρῶν ἀπορίαν ηὑρισκέτην.
οὔτε γὰρ Ἀθηναίοισι συνέβαιν' Αἰσχύλος--
Ξανθίας
πολλοὺς ἴσως ἐνόμιζε τοὺς τοιχωρύχους.
Αἰακος
λῆρόν τε τἄλλ' ἡγεῖτο τοῦ γνῶναι πέρι
φύσεις ποιητῶν· εἶτα τῷ σῷ δεσπότῃ 810
ἐπέτρεψαν, ὁτιὴ τῆς τέχνης ἔμπειρος ἦν.
ἀλλ' εἰσίωμεν· ὡς ὅταν γ' οἱ δεσπόται
ἐσπουδάκωσι, κλαύμαθ' ἡμῖν γίγνεται.
Χορός
ἦ που δεινὸν ἐριβρεμέτας χόλον ἔνδοθεν ἕξει,
ἡνίκ' ἂν ὀξύλαλον παρίδῃ θήγοντος ὀδόντα 815
ἀντιτέχνου· τότε δὴ μανίας ὑπὸ δεινῆς
ὄμματα στροβήσεται.
ἔσται δ' ἱππολόφων τε λόγων κορυθαίολα νείκη
σχινδαλάμων τε παραξόνια σμιλεύματά τ' ἔργων,
φωτὸς ἀμυνομένου φρενοτέκτονος ἀνδρὸς 820
ῥήμαθ' ἱπποβάμονα.
φρίξας δ' αὐτοκόμου λοφιᾶς λασιαύχενα χαίταν,
δεινὸν ἐπισκύνιον ξυνάγων βρυχώμενος ἤσει
ῥήματα γομφοπαγῆ πινακηδὸν ἀποσπῶν
γηγενεῖ φυσήματι· 825
ἔνθεν δὴ στοματουργὸς ἐπῶν βασανίστρια λίσφη
γλῶσσ' ἀνελισσομένη φθονεροὺς κινοῦσα χαλινοὺς
ῥήματα δαιομένη καταλεπτολογήσει
πλευμόνων πολὺν πόνον.
Εὐριπίδης
οὐκ ἂν μεθείμην τοῦ θρόνου, μὴ νουθέτει. 830

κρείττων γὰρ εἶναί φημι τούτου τὴν τέχνην.
Διόνυσος
Αἰσχύλε τί σιγᾷς; αἰσθάνει γὰρ τοῦ λόγου.
Εὐριπίδης
ἀποσεμνυνεῖται πρῶτον, ἅπερ ἑκάστοτε
ἐν ταῖς τραγῳδίαισιν ἐτερατεύετο.
Διόνυσος
ὦ δαιμόνι᾽ ἀνδρῶν μὴ μεγάλα λίαν λέγε. 835
Εὐριπίδης
ἐγᾦδα τοῦτον καὶ διέσκεμμαι πάλαι,
ἄνθρωπον ἀγριοποιὸν αὐθαδόστομον,
ἔχοντ᾽ ἀχάλινον ἀκρατὲς ἀπύλωτον στόμα,
ἀπεριλάλητον κομποφακελορρήμονα.
Αἰσχύλος
ἄληθες ὦ παῖ τῆς ἀρουραίας θεοῦ; 840
σὺ δή με ταῦτ᾽ ὦ στωμυλιοσυλλεκτάδη
καὶ πτωχοποιὲ καὶ ῥακιοσυρραπτάδη;
ἀλλ᾽ οὔ τι χαίρων αὔτ᾽ ἐρεῖς.
Διόνυσος
παῦ᾽ Αἰσχύλε,
καὶ μὴ πρὸς ὀργὴν σπλάγχνα θερμήνῃς κότῳ.
Αἰσχύλος
οὐ δῆτα πρίν γ᾽ ἂν τοῦτον ἀποφήνω σαφῶς 845
τὸν χωλοποιὸν οἷος ὢν θρασύνεται.
Διόνυσος
ἄρν᾽ ἄρνα μέλανα παῖδες ἐξενέγκατε·
τυφὼς γὰρ ἐκβαίνειν παρασκευάζεται.
Αἰσχύλος
ὦ Κρητικὰς μὲν συλλέγων μονῳδίας,
γάμους δ᾽ ἀνοσίους ἐσφέρων ἐς τὴν τέχνην. 850
Διόνυσος
ἐπίσχες οὗτος ὦ πολυτίμητ᾽ Αἰσχύλε.

ἀπὸ τῶν χαλαζῶν δ' ὦ πόνηρ' Εὐριπίδη
ἄναγε σεαυτὸν ἐκποδών, εἰ σωφρονεῖς,
ἵνα μὴ κεφαλαίῳ τὸν κρόταφόν σου ῥήματι
θενὼν ὑπ' ὀργῆς ἐκχέῃ τὸν Τήλεφον· 855
σὺ δὲ μὴ πρὸς ὀργὴν Αἰσχύλ' ἀλλὰ πρᾳόνως
ἔλεγχ' ἐλέγχου· λοιδορεῖσθαι δ' οὐ πρέπει
ἄνδρας ποιητὰς ὥσπερ ἀρτοπώλιδας.
σὺ δ' εὐθὺς ὥσπερ πρῖνος ἐμπρησθεὶς βοᾷς.
Εὐριπίδης
ἕτοιμός εἰμ' ἔγωγε, κοὐκ ἀναδύομαι, 860
δάκνειν δάκνεσθαι πρότερος, εἰ τούτῳ δοκεῖ,
τἄπη, τὰ μέλη, τὰ νεῦρα τῆς τραγῳδίας,
καὶ νὴ Δία τὸν Πηλέα γε καὶ τὸν Αἴολον
καὶ τὸν Μελέαγρον κἄτι μάλα τὸν Τήλεφον.
Διόνυσος
τί δαὶ σὺ βουλεύει ποιεῖν; λέγ' Αἰσχύλε. 865
Αἰσχύλος
ἐβουλόμην μὲν οὐκ ἐρίζειν ἐνθάδε·
οὐκ ἐξ ἴσου γάρ ἐστιν ἀγὼν νῷν.
Διόνυσος
τί δαί;
Αἰσχύλος
ὅτι ἡ ποίησις οὐχὶ συντέθνηκέ μοι,
τούτῳ δὲ συντέθνηκεν, ὥσθ' ἕξει λέγειν.
ὅμως δ' ἐπειδή σοι δοκεῖ, δρᾶν ταῦτα χρή. 870
Διόνυσος
ἴθι νυν λιβανωτὸν δεῦρό τις καὶ πῦρ δότω.
ὅπως ἂν εὔξωμαι πρὸ τῶν σοφισμάτων
ἀγῶνα κρῖναι τόνδε μουσικώτατα·
ὑμεῖς δὲ ταῖς Μούσαις τι μέλος ὑπᾴσατε.
Χορός
ὦ Διὸς ἐννέα παρθένοι ἁγναὶ 875

Μοῦσαι, λεπτολόγους ξυνετὰς φρένας αἳ καθορᾶτε
ἀνδρῶν γνωμοτύπων, ὅταν εἰς ἔριν ὀξυμερίμνοις
ἔλθωσι στρεβλοῖσι παλαίσμασιν ἀντιλογοῦντες,
ἔλθετ' ἐποψόμεναι δύναμιν
δεινοτάτοιν στομάτοιν πορίσασθαι 880
ῥήματα καὶ παραπρίσματ' ἐπῶν.
νῦν γὰρ ἀγὼν σοφίας ὁ μέγας χωρεῖ πρὸς ἔργον ἤδη.
Διόνυσος
εὔχεσθε δὴ καὶ σφώ τι πρὶν τἄπη λέγειν. 885
Αἰσχύλος
Δήμητερ ἡ θρέψασα τὴν ἐμὴν φρένα,
εἶναί με τῶν σῶν ἄξιον μυστηρίων.
Διόνυσος
ἐπίθες λαβὼν δὴ καὶ σὺ λιβανωτόν.
Εὐριπίδης
καλῶς·
ἕτεροι γάρ εἰσιν οἷσιν εὔχομαι θεοῖς.
Διόνυσος
ἴδιοί τινές σοι, κόμμα καινόν; 890
Εὐριπίδης
καὶ μάλα.
Διόνυσος
ἴθι δὴ προσεύχου τοῖσιν ἰδιώταις θεοῖς.
Εὐριπίδης
αἰθὴρ ἐμὸν βόσκημα καὶ γλώσσης στρόφιγξ
καὶ ξύνεσι καὶ μυκτῆρες ὀσφραντήριοι,
ὀρθῶς μ' ἐλέγχειν ὧν ἂν ἅπτωμαι λόγων. 894
Χορός
καὶ μὴν ἡμεῖς ἐπιθυμοῦμεν
παρὰ σοφοῖν ἀνδροῖν ἀκοῦσαι
τίνα λόγων ἐμμέλειαν
ἔπιτε δαΐαν ὁδόν.

γλῶσσα μὲν γὰρ ἠγρίωται,
λῆμα δ' οὔκ ἄτολμον ἀμφοῖν,
οὐδ' ἀκίνητοι φρένες.
προσδοκᾶν οὖν εἰκός ἐστι 900
τὸν μὲν ἀστεῖόν τι λέξειν
καὶ κατερρινημένον,
τὸν δ' ἀνασπῶντ' αὐτοπρέμνοις
τοῖς λόγοισιν 903β
ἐμπεσόντα συσκεδᾶν πολλὰς
ἀλινδήθρας ἐπῶν. 904β
Διόνυσος
ἀλλ' ὡς τάχιστα χρὴ λέγειν· οὕτω δ' ὅπως ἐρεῖτον 905
ἀστεῖα καὶ μήτ' εἰκόνας μήθ' οἷ' ἂν ἄλλος εἴποι.
Εὑριπίδης
καὶ μὴν ἐμαυτὸν μέν γε τὴν ποίησιν οἷός εἰμι,
ἐν τοῖσιν ὑστάτοις φράσω, τοῦτον δὲ πρῶτ' ἐλέγξω,
ὡς ἦν ἀλαζὼν καὶ φέναξ οἵοις τε τοὺς θεατὰς
ἐξηπάτα μώρους λαβὼν παρὰ Φρυνίχῳ τραφέντας. 910
πρώτιστα μὲν γὰρ ἕνα τιν' ἂν καθῖσεν ἐγκαλύψας,
Ἀχιλλέα τιν' ἢ Νιόβην, τὸ πρόσωπον οὐχὶ δεικνύς,
πρόσχημα τῆς τραγῳδίας, γρύζοντας οὐδὲ τουτί.
Διόνυσος
μὰ τὸν Δί' οὐ δῆθ'.
Εὑριπίδης
ὁ δὲ χορός γ' ἤρειδεν ὁρμαθοὺς ἂν
μελῶν ἐφεξῆς τέτταρας ξυνεχῶς ἄν οἱ δ' ἐσίγων. 915
Διόνυσος
ἐγὼ δ' ἔχαιρον τῇ σιωπῇ, καί με τοῦτ' ἔτερπεν
οὐχ ἧττον ἢ νῦν οἱ λαλοῦντες.
Εὑριπίδης
ἠλίθιος γὰρ ἦσθα,
σάφ' ἴσθι.

Διόνυσος
κάμαυτῷ δοκῶ. τί δὲ ταῦτ᾽ ἔδρασ᾽ ὁ δεῖνα;
Εὐριπίδης
ὑπ᾽ ἀλαζονείας, ἵν᾽ ὁ θεατὴς προσδοκῶν καθοῖτο,
ὁπόθ᾽ ἡ Νιόβη τι φθέγξεται· τὸ δρᾶμα δ᾽ ἂν διῄει. 920
Διόνυσος
ὦ παμπόνηρος, οἷ᾽ ἄρ᾽ ἐφενακιζόμην ὑπ᾽ αὐτοῦ.
τί σκορδινᾷ καὶ δυσφορεῖς;
Εὐριπίδης
ὅτι αὐτὸν ἐξελέγχω.
κᾄπειτ᾽ ἐπειδὴ ταῦτα ληρήσειε καὶ τὸ δρᾶμα
ἤδη μεσοίη, ῥήματ᾽ ἂν βόεια δώδεκ᾽ εἶπεν,
ὀφρῦς ἔχοντα καὶ λόφους, δείν᾽ ἄττα μορμορωπά, 925
ἄγνωτα τοῖς θεωμένοις.
Αἰσχύλος
οἴμοι τάλας.
Διόνυσος
σιώπα.
Εὐριπίδης
σαφὲς δ᾽ ἂν εἶπεν οὐδὲ ἕν--
Διόνυσος
μὴ πρῖε τοὺς ὀδόντας.
Εὐριπίδης
ἀλλ᾽ ἢ Σκαμάνδρους ἢ τάφρους ἢ ᾽π᾽ ἀσπίδων ἐπόντας
γρυπαιέτους χαλκηλάτους καὶ ῥήμαθ᾽ ἱππόκρημνα,
ἃ ξυμβαλεῖν οὐ ῥᾴδι᾽ ἦν. 930
Διόνυσος
νὴ τοὺς θεοὺς ἐγὼ γοῦν
ἤδη ποτ᾽ ἐν μακρῷ χρόνῳ νυκτὸς διηγρύπνησα
τὸν ξουθὸν ἱππαλεκτρυόνα ζητῶν τίς ἐστιν ὄρνις.
Αἰσχύλος
σημεῖον ἐν ταῖς ναυσὶν ὦμαθέστατ᾽ ἐνεγέγραπτο.

Διόνυσος
ἐγὼ δὲ τὸν Φιλοξένου γ' ᾤμην Ἔρυξιν εἶναι.
Εὐριπίδης
εἶτ' ἐν τραγῳδίαις ἐχρῆν κάλεκτρυόνα ποιῆσαι; 935
Αἰσχύλος
σὺ δ' ὦ θεοῖσιν ἐχθρὲ ποῖ' ἄττ' ἐστὶν ἄττ' ἐποίεις;
Εὐριπίδης
οὐχ ἱππαλεκτρυόνας μὰ Δί' οὐδὲ τραγελάφους, ἅπερ σύ,
ἃν τοῖσι παραπετάσμασιν τοῖς Μηδικοῖς γράφουσιν·
ἀλλ' ὡς παρέλαβον τὴν τέχνην παρὰ σοῦ τὸ πρῶτον εὐθὺς
οἰδοῦσαν ὑπὸ κομπασμάτων καὶ ῥημάτων ἐπαχθῶν, 940
ἴσχνανα μὲν πρώτιστον αὐτὴν καὶ τὸ βάρος ἀφεῖλον
ἐπυλλίοις καὶ περιπάτοις καὶ τευτλίοισι λευκοῖς,
χυλὸν διδοὺς στωμυλμάτων ἀπὸ βιβλίων ἀπηθῶν·
εἶτ' ἀνέτρεφον μονῳδίαις--
Διόνυσος
Κηφισοφῶντα μιγνύς.
Εὐριπίδης
εἶτ' οὐκ ἐλήρουν ὅ τι τύχοιμ' οὐδ' ἐμπεσὼν ἔφυρον, 945
ἀλλ' οὑξιὼν πρώτιστα μέν μοι τὸ γένος εἶπ' ἂν εὐθὺς
τοῦ δράματος.
Διόνυσος
κρεῖττον γὰρ ἦν σοι νὴ Δί' ἢ τὸ σαυτοῦ.
Εὐριπίδης
ἔπειτ' ἀπὸ τῶν πρώτων ἐπῶν οὐδὲν παρῆκ' ἂν ἀργόν,
ἀλλ' ἔλεγεν ἡ γυνή τέ μοι χὠ δοῦλος οὐδὲν ἧττον,
χὠ δεσπότης χἠ παρθένος χἠ γραῦς ἄν. 950
Αἰσχύλος
εἶτα δῆτα
οὐκ ἀποθανεῖν σε ταῦτ' ἐχρῆν τολμῶντα;
Εὐριπίδης
μὰ τὸν Ἀπόλλω·

δημοκρατικὸν γὰρ αὔτ᾽ ἔδρων.
Διόνυσος
τοῦτο μὲν ἔασον ὦ τᾶν.
οὐ σοὶ γάρ ἐστι περίπατος κάλλιστα περί γε τούτου.
Εὐριπίδης
ἔπειτα τουτουσὶ λαλεῖν ἐδίδαξα--
Αἰσχύλος
φημὶ κἀγώ.
ὡς πρὶν διδάξαι γ᾽ ὤφελες μέσος διαρραγῆναι. 955
Εὐριπίδης
λεπτῶν τε κανόνων ἐσβολὰς ἐπῶν τε γωνιασμούς,
νοεῖν ὁρᾶν ξυνιέναι στρέφειν ἐρᾶν τεχνάζειν,
κἄχ᾽ ὑποτοπεῖσθαι, περινοεῖν ἅπαντα--
Αἰσχύλος
φημὶ κἀγώ.
Εὐριπίδης
οἰκεῖα πράγματ᾽ εἰσάγων, οἷς χρώμεθ᾽, οἷς ξύνεσμεν,
ἐξ ὧν γ᾽ ἂν ἐξηλεγχόμην· ξυνειδότες γὰρ οὗτοι 960
ἤλεγχον ἄν μου τὴν τέχνην· ἀλλ᾽ οὐκ ἐκομπολάκουν
ἀπὸ τοῦ φρονεῖν ἀποσπάσας, οὐδ᾽ ἐξέπληττον αὐτούς,
Κύκνους ποιῶν καὶ Μέμνονας κωδωνοφαλαροπώλους.
γνώσει δὲ τοὺς τούτου τε κἀμοὺς ἑκατέρου μαθητάς.
τουτουμενὶ Φορμίσιος Μεγαίνετός θ᾽ ὁ Μανῆς, 965
σαλπιγγολογχυπηνάδαι, σαρκασμοπιτυοκάμπται,
οὑμοὶ δὲ Κλειτοφῶν τε καὶ Θηραμένης ὁ κομψός.
Διόνυσος
Θηραμένης; σοφός γ᾽ ἀνὴρ καὶ δεινὸς ἐς τὰ πάντα,
ὃς ἢν κακοῖς που περιπέσῃ καὶ πλησίον παραστῇ,
πέπτωκεν ἔξω τῶν κακῶν, οὐ Χῖος ἀλλὰ Κεῖος. 970
Εὐριπίδης
τοιαῦτα μέντοὐγὼ φρονεῖν
τούτοισιν εἰσηγησάμην,

λογισμὸν ἐνθεὶς τῇ τέχνῃ
καὶ σκέψιν, ὥστ' ἤδη νοεῖν
ἅπαντα καὶ διειδέναι 975
τά τ' ἄλλα καὶ τὰς οἰκίας
οἰκεῖν ἄμεινον ἢ πρὸ τοῦ
κἀνασκοπεῖν, "πῶς τοῦτ' ἔχει;
ποῦ μοι τοδί; τίς τοῦτ' ἔλαβε;"

Διόνυσος
νὴ τοὺς θεοὺς νῦν γοῦν Ἀθηναίων 980
ἅπας τις εἰσιὼν
κέκραγε πρὸς τοὺς οἰκέτας
ζητεῖ τε, "ποῦ 'στιν ἡ χύτρα;
τίς τὴν κεφαλὴν ἀπεδήδοκεν
τῆς μαινίδος; τὸ τρύβλιον 985
τὸ περυσινὸν τέθνηκέ μοι·
ποῦ τὸ σκόροδον τὸ χθιζινόν;
τίς τῆς ἐλάας παρέτραγεν;"
τέως δ' ἀβελτερώτατοι
κεχηνότες Μαμμάκυθοι 990
Μελιτίδαι καθῆντο.

Χορός
τάδε μὲν λεύσσεις φαίδιμ' Ἀχιλλεῦ·
σὺ δὲ τί φέρε πρὸς ταῦτα λέξεις;
μόνον ὅπως...
μή σ' ὁ θυμὸς ἁρπάσας
ἐκτὸς οἴσει τῶν ἐλαῶν· 995
δεινὰ γὰρ κατηγόρηκεν.
ἀλλ' ὅπως ὦ γεννάδα
μὴ πρὸς ὀργὴν ἀντιλέξεις,
ἀλλὰ συστείλας ἄκροισι
χρώμενος τοῖς ἱστίοις, 1000
εἶτα μᾶλλον μᾶλλον ἄξεις

καὶ φυλάξεις,
ἡνίκ' ἂν τὸ πνεῦμα λεῖον
καὶ καθεστηκὸς λάβῃς. 1003β
Διόνυσος
ἀλλ' ὦ πρῶτος τῶν Ἑλλήνων πυργώσας ῥήματα σεμνὰ
καὶ κοσμήσας τραγικὸν λῆρον, θαρρῶν τὸν κρουνὸν
ἀφίει.1005
Αἰσχύλος
θυμοῦμαι μὲν τῇ ξυντυχίᾳ, καὶ μου τὰ σπλάγχν'
ἀγανακτεῖ,1006
εἰ πρὸς τοῦτον δεῖ μ' ἀντιλέγειν· ἵνα μὴ φάσκῃ δ' ἀπορεῖν
με,
ἀπόκριναί μοι, τίνος οὕνεκα χρὴ θαυμάζειν ἄνδρα ποιητήν;
Εὐριπίδης
δεξιότητος καὶ νουθεσίας, ὅτι βελτίους τε ποιοῦμεν
τοὺς ἀνθρώπους ἐν ταῖς πόλεσιν. 1010
Αἰσχύλος
τοῦτ' οὖν εἰ μὴ πεποίηκας,
ἀλλ' ἐκ χρηστῶν καὶ γενναίων μοχθηροτάτους ἀπέδειξας,
τί παθεῖν φήσεις ἄξιος εἶναι;
Διόνυσος
τεθνάναι· μὴ τοῦτον ἐρώτα.
Αἰσχύλος
σκέψαι τοίνυν οἵους αὐτοὺς παρ' ἐμοῦ παρεδέξατο
πρῶτον,
εἰ γενναίους καὶ τετραπήχεις, καὶ μὴ διαδρασιπολίτας,
μηδ' ἀγοραίους μηδὲ κοβάλους ὥσπερ νῦν μηδὲ
πανούργους, 1015
ἀλλὰ πνέοντας δόρυ καὶ λόγχας καὶ λευκολόφους
τρυφαλείας
καὶ πήληκας καὶ κνημῖδας καὶ θυμοὺς ἑπταβοείους.

Διόνυσος
καὶ δὴ χωρεῖ τουτὶ τὸ κακόν· κρανοποιῶν αὖ μ' ἐπιτρίψει.
Εὐριπίδης
καὶ τί σὺ δράσας οὕτως αὐτοὺς γενναίους ἐξεδίδαξας;
Διόνυσος
Αἰσχύλε λέξον, μηδ' αὐθάδως σεμνυνόμενος
χαλέπαινε.1020
Αἰσχύλος
δρᾶμα ποιήσας Ἄρεως μεστόν.
Διόνυσος
ποῖον;
Αἰσχύλος
τοὺς ἕπτ' ἐπὶ Θήβας·
ὃ θεασάμενος πᾶς ἄν τις ἀνὴρ ἠράσθη δάιος εἶναι.
Διόνυσος
τουτὶ μέν σοι κακὸν εἴργασται· Θηβαίους γὰρ πεποίηκας
ἀνδρειοτέρους ἐς τὸν πόλεμον, καὶ τούτου γ' οὕνεκα
τύπτου.
Αἰσχύλος
ἀλλ' ὑμῖν αὔτ' ἐξῆν ἀσκεῖν, ἀλλ' οὐκ ἐπὶ τοῦτ'
ἐτράπεσθε.1025
εἶτα διδάξας Πέρσας μετὰ τοῦτ' ἐπιθυμεῖν ἐξεδίδαξα
νικᾶν ἀεὶ τοὺς ἀντιπάλους, κοσμήσας ἔργον ἄριστον.
Διόνυσος
ἐχάρην γοῦν, "ἡνίκ' ἤκουσα περὶ Δαρείου τεθνεῶτος",
ὁ χορὸς δ' εὐθὺς τὼ χεῖρ' ὡδὶ συγκρούσας εἶπεν "ἰαυοῖ".
Αἰσχύλος
ταῦτα γὰρ ἄνδρας χρὴ ποιητὰς ἀσκεῖν. σκέψαι γὰρ ἀπ'
ἀρχῆς 1030
ὡς ὠφέλιμοι τῶν ποιητῶν οἱ γενναῖοι γεγένηνται.
Ὀρφεὺς μὲν γὰρ τελετάς θ' ἡμῖν κατέδειξε φόνων τ'
ἀπέχεσθαι,

Μουσαῖος δ' ἐξακέσεις τε νόσων καὶ χρησμούς, Ἡσίοδος δὲ
γῆς ἐργασίας, καρπῶν ὥρας, ἀρότους· ὁ δὲ θεῖος Ὅμηρος
ἀπὸ τοῦ τιμὴν καὶ κλέος ἔσχεν πλὴν τοῦδ' ὅτι χρήστ'
ἐδίδαξεν, 1035
τάξεις ἀρετὰς ὁπλίσεις ἀνδρῶν;
Διόνυσος
καὶ μὴν οὐ Παντακλέα γε
ἐδίδαξεν ὅμως τὸν σκαιότατον· πρώην γοῦν, ἡνίκ' ἔπεμπεν,
τὸ κράνος πρῶτον περιδησάμενος τὸν λόφον ἤμελλ'
ἐπιδήσειν.
Αἰσχύλος
ἀλλ' ἄλλους τοι πολλοὺς ἀγαθούς, ὧν ἦν καὶ Λάμαχος
ἥρως·
ὅθεν ἡμὴ φρὴν ἀπομαξαμένη πολλὰς ἀρετὰς ἐποίησεν,1040
Πατρόκλων, Τεύκρων θυμολεόντων, ἵν' ἐπαίροιμ' ἄνδρα
πολίτην
ἀντεκτείνειν αὑτὸν τούτοις, ὁπόταν σάλπιγγος ἀκούσῃ.
ἀλλ' οὐ μὰ Δί' οὐ Φαίδρας ἐποίουν πόρνας οὐδὲ
Σθενεβοίας,
οὐδ' οἶδ' οὐδεὶς ἥντιν' ἐρῶσαν πώποτ' ἐποίησα γυναῖκα.
Εὐριπίδης
μὰ Δί' οὐ γὰρ ἐπῆν τῆς Ἀφροδίτης οὐδέν σοι. 1045
Αἰσχύλος
μηδέ γ' ἐπείη.
ἀλλ' ἐπί τοι σοὶ καὶ τοῖς σοῖσιν πολλὴ πολλοῦ 'πικαθῆτο,
ὥστε γε καὐτόν σε κατ' οὖν ἔβαλεν.
Διόνυσος
νὴ τὸν Δία τοῦτό γέ τοι δή.
ἃ γὰρ ἐς τὰς ἀλλοτρίας ἐποίεις, αὐτὸς τούτοισιν ἐπλήγης.
Εὐριπίδης
καὶ τί βλάπτουσ' ὦ σχέτλι' ἀνδρῶν τὴν πόλιν ἁμαὶ
Σθενέβοιαι;

Αἰσχύλος
ὅτι γενναίας καὶ γενναίων ἀνδρῶν ἀλόχους ἀνέπεισας 1050
κώνεια πιεῖν αἰσχυνθείσας διὰ τοὺς σοὺς Βελλεροφόντας.
Εὐριπίδης
πότερον δ' οὐκ ὄντα λόγον τοῦτον περὶ τῆς Φαίδρας
ξυνέθηκα;
Αἰσχύλος
μὰ Δί' ἀλλ' ὄντ'· ἀλλ' ἀποκρύπτειν χρὴ τὸ πονηρὸν τόν γε ποιητήν,
καὶ μὴ παράγειν μηδὲ διδάσκειν. τοῖς μὲν γὰρ παιδαρίοισιν
ἔστι διδάσκαλος ὅστις φράζει, τοῖσιν δ' ἡβῶσι ποιηταί. 1055
πάνυ δὴ δεῖ χρηστὰ λέγειν ἡμᾶς.
Εὐριπίδης
ἢν οὖν σὺ λέγῃς Λυκαβηττοὺς
καὶ Παρνασσῶν ἡμῖν μεγέθη, τοῦτ' ἐστὶ τὸ χρηστὰ διδάσκειν,
ὃν χρῆν φράζειν ἀνθρωπείως;
Αἰσχύλος
ἀλλ' ὦ κακόδαιμον ἀνάγκη
μεγάλων γνωμῶν καὶ διανοιῶν ἴσα καὶ τὰ ῥήματα τίκτειν.
κἄλλως εἰκὸς τοὺς ἡμιθέους τοῖς ῥήμασι μείζοσι
χρῆσθαι· 1060
καὶ γὰρ τοῖς ἱματίοις ἡμῶν χρῶνται πολὺ σεμνοτέροισιν.
ἁμοῦ χρηστῶς καταδείξαντος διελυμήνω σύ.
Εὐριπίδης
τί δράσας;
Αἰσχύλος
πρῶτον μὲν τοὺς βασιλεύοντας ῥάκι' ἀμπισχών, ἵν' ἐλεινοὶ
τοῖς ἀνθρώποις φαίνοιντ' εἶναι.
Εὐριπίδης
τοῦτ' οὖν ἔβλαψά τι δράσας;

Αἰσχύλος
οὔκουν ἐθέλει γε τριηραρχεῖν πλουτῶν οὐδεὶς διὰ
ταῦτα,1065
ἀλλὰ ῥακίοις περιειλάμενος κλάει καὶ φησὶ πένεσθαι.
Διόνυσος
νὴ τὴν Δήμητρα χιτῶνά γ' ἔχων οὔλων ἐρίων ὑπένερθεν.
κἂν ταῦτα λέγων ἐξαπατήσῃ, παρὰ τοὺς ἰχθῦς ἀνέκυψεν.
Αἰσχύλος
εἶτ' αὖ λαλιὰν ἐπιτηδεῦσαι καὶ στωμυλίαν ἐδίδαξας,
ἣ 'ξεκένωσεν τάς τε παλαίστρας καὶ τὰς πυγὰς
ἐνέτριψεν1070
τῶν μειρακίων στωμυλλομένων, καὶ τοὺς Παράλους
ἀνέπεισεν
ἀνταγορεύειν τοῖς ἄρχουσιν. καίτοι τότε γ' ἡνίκ' ἐγὼ 'ζων,
οὐκ ἠπίσταντ' ἀλλ' ἢ μᾶζαν καλέσαι καὶ "ῥυππαπαῖ" εἰπεῖν.
Διόνυσος
νὴ τὸν Ἀπόλλω, καὶ προσπαρδεῖν γ' ἐς τὸ στόμα τῷ
θαλάμακι,
καὶ μινθῶσαι τὸν ξύσσιτον κἀκβάς τινα λωποδυτῆσαι·1074
νῦν δ' ἀντιλέγει κοὐκέτ' ἐλαύνων πλεῖ δευρὶ καὖθις ἐκεῖσε.
Αἰσχύλος
ποίων δὲ κακῶν οὐκ αἴτιός ἐστ';
οὐ προαγωγοὺς κατέδειξ' οὗτος,
καὶ τικτούσας ἐν τοῖς ἱεροῖς, 1080
καὶ μιγνυμένας τοῖσιν ἀδελφοῖς,
καὶ φασκούσας οὐ ζῆν τὸ ζῆν;
κᾆτ' ἐκ τούτων ἡ πόλις ἡμῶν
ὑπογραμματέων ἀνεμεστώθη
καὶ βωμολόχων δημοπιθήκων 1085
ἐξαπατώντων τὸν δῆμον ἀεί,
λαμπάδα δ' οὐδεὶς οἷός τε φέρειν
ὑπ' ἀγυμνασίας ἔτι νυνί.

Διόνυσος
μὰ Δί' οὐ δῆθ', ὥστ' ἐπαφαυάνθην
Παναθηναίοισι γελῶν, ὅτε δὴ 1090
βραδὺς ἄνθρωπός τις ἔθει κύψας
λευκὸς πίων ὑπολειπόμενος
καὶ δεινὰ ποιῶν· κᾆθ' οἱ Κεραμῆς
ἐν ταῖσι πύλαις παίουσ' αὐτοῦ
γαστέρα πλευρὰς λαγόνας πυγήν, 1095
ὁ δὲ τυπτόμενος ταῖσι πλατείαις
ὑποπερδόμενος
φυσῶν τὴν λαμπάδ' ἔφευγεν.
Χορός
μέγα τὸ πρᾶγμα, πολὺ τὸ νεῖκος, ἁδρὸς ὁ πόλεμος ἔρχεται.
χαλεπὸν οὖν ἔργον διαιρεῖν, 1100
ὅταν ὁ μὲν τείνῃ βιαίως,
ὁ δ' ἐπαναστρέφειν δύνηται κἀπερείδεσθαι τορῶς.
ἀλλὰ μὴ ν' ταὐτῷ κάθησθον·
ἐσβολαὶ γάρ εἰσι πολλαὶ χἄτεραι σοφισμάτων.
ὅ τι περ οὖν ἔχετον ἐρίζειν, 1105
λέγετον ἔπιτον ἀνά <τε> δέρετον
τά τε παλαιὰ καὶ τὰ καινά,
κἀποκινδυνεύετον λεπτόν τι καὶ σοφὸν λέγειν.
εἰ δὲ τοῦτο καταφοβεῖσθον, μή τις ἀμαθία προσῇ
τοῖς θεωμένοισιν, ὡς τὰ 1110
λεπτὰ μὴ γνῶναι λεγόντοιν,
μηδὲν ὀρρωδεῖτε τοῦθ'· ὡς οὐκέθ' οὕτω ταῦτ' ἔχει.
ἐστρατευμένοι γάρ εἰσι,
βιβλίον τ' ἔχων ἕκαστος μανθάνει τὰ δεξιά·
αἱ φύσεις τ' ἄλλως κράτισται, 1115
νῦν δὲ καὶ παρηκόνηνται.
μηδὲν οὖν δείσητον, ἀλλὰ
πάντ' ἐπέξιτον θεατῶν γ' οὕνεχ' ὡς ὄντων σοφῶν.

Εὐριπίδης
καὶ μὴν ἐπ' αὐτοὺς τοὺς προλόγους σου τρέψομαι,
ὅπως τὸ πρῶτον τῆς τραγῳδίας μέρος 1120
πρώτιστον αὐτοῦ βασανιῶ τοῦ δεξιοῦ.
ἀσαφὴς γὰρ ἦν ἐν τῇ φράσει τῶν πραγμάτων.
Διόνυσος
καὶ ποῖον αὐτοῦ βασανιεῖς;
Εὐριπίδης
πολλοὺς πάνυ.
πρῶτον δέ μοι τὸν ἐξ Ὀρεστείας λέγε.
Διόνυσος
ἄγε δὴ σιώπα πᾶς ἀνήρ. λέγ' Αἰσχύλε. 1125
Αἰσχύλος
"Ἑρμῆ χθόνιε πατρῷ' ἐποπτεύων κράτη,
σωτὴρ γενοῦ μοι σύμμαχός τ' αἰτουμένῳ.
ἥκω γὰρ ἐς γῆν τήνδε καὶ κατέρχομαι".
Διόνυσος
τούτων ἔχεις ψέγειν τι;
Εὐριπίδης
πλεῖν ἢ δώδεκα.
Διόνυσος
ἀλλ' οὐδὲ πάντα ταῦτά γ' ἔστ' ἀλλ' ἢ τρία. 1130
Εὐριπίδης
ἔχει δ' ἕκαστον εἴκοσίν γ' ἁμαρτίας.
Διόνυσος
Αἰσχύλε παραινῶ σοι σιωπᾶν· εἰ δὲ μή,
πρὸς τρισὶν ἰαμβείοισι προσοφείλων φανεῖ.
Αἰσχύλος
ἐγὼ σιωπῶ τῷδ';
Διόνυσος
ἐὰν πείθῃ γ' ἐμοί.

Εὐριπίδης
εὐθὺς γὰρ ἡμάρτηκεν οὐράνιόν γ' ὅσον. 1135
Αἰσχύλος
ὁρᾷς ὅτι ληρεῖς;
Διόνυσος
ἀλλ' ὀλίγον γέ μοι μέλει.
Αἰσχύλος
πῶς φῄς μ' ἁμαρτεῖν;
Εὐριπίδης
αὖθις ἐξ ἀρχῆς λέγε.
Αἰσχύλος
"Ἑρμῆ χθόνιε πατρῷ' ἐποπτεύων κράτη".
Εὐριπίδης
οὔκουν Ὀρέστης τοῦτ' ἐπὶ τῷ τύμβῳ λέγει
τῷ τοῦ πατρὸς τεθνεῶτος; 1140
Αἰσχύλος
οὐκ ἄλλως λέγω.
Εὐριπίδης
πότερ' οὖν τὸν Ἑρμῆν, ὡς ὁ πατὴρ ἀπώλετο
αὐτοῦ βιαίως ἐκ γυναικείας χερὸς
δόλοις λαθραίοις, ταῦτ' "ἐποπτεύειν" ἔφη;
Αἰσχύλος
οὐ δῆτ' ἐκεῖνον, ἀλλὰ τὸν Ἐριούνιον
Ἑρμῆν χθόνιον προσεῖπε, κἀδήλου λέγων 1145
ὁτιὴ πατρῷον τοῦτο κέκτηται γέρας--
Εὐριπίδης
ἔτι μεῖζον ἐξήμαρτες ἢ 'γὼ 'βουλόμην·
εἰ γὰρ πατρῷον τὸ χθόνιον ἔχει γέρας--
Διόνυσος
οὕτω γ' ἂν εἴη πρὸς πατρὸς τυμβωρύχος.
Αἰσχύλος
Διόνυσε πίνεις οἶνον οὐκ ἀνθοσμίαν. 1150

Διόνυσος
λέγ᾽ ἕτερον αὐτῷ· σὺ δ᾽ ἐπιτήρει τὸ βλάβος.
Αἰσχύλος
"σωτὴρ γενοῦ μοι σύμμαχός τ᾽ αἰτουμένῳ.
ἥκω γὰρ ἐς γῆν τήνδε καὶ κατέρχομαι--"
Εὐριπίδης
δὶς ταὐτὸν ἡμῖν εἶπεν ὁ σοφὸς Αἰσχύλος.
Διόνυσος
πῶς δίς; 1155
Εὐριπίδης
σκόπει τὸ ῥῆμ᾽· ἐγὼ δέ σοι φράσω.
"ἥκω γὰρ ἐς γῆν", φησί, "καὶ κατέρχομαι"·
"ἥκω" δὲ ταὐτόν ἐστι τῷ "κατέρχομαι".
Διόνυσος
νὴ τὸν Δί᾽ ὥσπερ γ᾽ εἴ τις εἴποι γείτονι,
"χρῆσον σὺ μάκτραν, εἰ δὲ βούλει, κάρδοπον".
Αἰσχύλος
οὐ δῆτα τοῦτό γ᾽ ὦ κατεστωμυλμένε 1160
ἄνθρωπε ταῦτ᾽ ἔστ᾽, ἀλλ᾽ ἄριστ᾽ ἐπῶν ἔχον.
Εὐριπίδης
πῶς δή; δίδαξον γάρ με καθ᾽ ὅ τι δὴ λέγεις;
Αἰσχύλος
"ἐλθεῖν" μὲν ἐς γῆν ἔσθ᾽ ὅτῳ μετῇ πάτρας·
χωρὶς γὰρ ἄλλης συμφορᾶς ἐλήλυθεν·
φεύγων δ᾽ ἀνὴρ "ἥκει" τε καὶ "κατέρχεται". 1165
Διόνυσος
εὖ νὴ τὸν Ἀπόλλω. τί σὺ λέγεις Εὐριπίδη;
Εὐριπίδης
οὔ φημὶ τὸν Ὀρέστην κατελθεῖν οἴκαδε·
λάθρᾳ γὰρ ἦλθεν οὐ πιθὼν τοὺς κυρίους.
Διόνυσος
εὖ νὴ τὸν Ἑρμῆν· ὅ τι λέγεις δ᾽ οὐ μανθάνω.

Εὐριπίδης
πέραινε τοίνυν ἕτερον. 1170
Διόνυσος
ἴθι πέραινε σὺ
Αἰσχύλ' ἀνύσας· σὺ δ' ἐς τὸ κακὸν ἀπόβλεπε.
Αἰσχύλος
"τύμβου δ' ἐπ' ὄχθῳ τῷδε κηρύσσω πατρὶ
κλύειν ἀκοῦσαι".
Εὐριπίδης
τοῦθ' ἕτερον αὖθις λέγει,
"κλύειν ἀκοῦσαι", ταὐτὸν ὂν σαφέστατα.
Διόνυσος
τεθνηκόσιν γὰρ ἔλεγεν ὦ μόχθηρε σύ, 1175
οἷς οὐδὲ τρὶς λέγοντες ἐξικνούμεθα.
Αἰσχύλος
σὺ δὲ πῶς ἐποίεις τοὺς προλόγους;
Εὐριπίδης
ἐγὼ φράσω.
κἄν που δὶς εἴπω ταὐτόν, ἢ στοιβὴν ἴδῃς
ἐνοῦσαν ἔξω τοῦ λόγου, κατάπτυσον.
Διόνυσος
ἴθι δὴ λέγ'· οὐ γάρ μοὔστιν ἀλλ' ἀκουστέα 1180
τῶν σῶν προλόγων τῆς ὀρθότητος τῶν ἐπῶν.
Εὐριπίδης
"ἦν Οἰδίπους τὸ πρῶτον εὐδαίμων ἀνήρ"--
Αἰσχύλος
μὰ τὸν Δί' οὐ δῆτ', ἀλλὰ κακοδαίμων φύσει,
ὅντινά γε πρὶν φῦναι μὲν Ἀπόλλων ἔφη
ἀποκτενεῖν τὸν πατέρα, πρὶν καὶ γεγονέναι· 1185
πῶς οὗτος ἦν τὸ πρῶτον εὐδαίμων ἀνήρ;
Εὐριπίδης
"εἶτ' ἐγένετ' αὖθις ἀθλιώτατος βροτῶν".

Αἰσχύλος
μὰ τὸν Δί᾽ οὐ δῆτ᾽, οὐ μὲν οὖν ἐπαύσατο.
πῶς γάρ; ὅτε δὴ πρῶτον μὲν αὐτὸν γενόμενον
χειμῶνος ὄντος ἐξέθεσαν ἐν ὀστράκῳ, 1190
ἵνα μὴ 'κτραφεὶς γένοιτο τοῦ πατρὸς φονεύς·
εἶθ᾽ ὡς Πόλυβον ἤρρησεν οἰδῶν τὼ πόδε·
ἔπειτα γραῦν ἔγημεν αὐτὸς ὢν νέος
καὶ πρός γε τούτοις τὴν ἑαυτοῦ μητέρα·
εἶτ᾽ ἐξετύφλωσεν αὑτόν. 1195
Διόνυσος
εὐδαίμων ἄρ᾽ ἦν,
εἰ κἀστρατήγησέν γε μετ᾽ Ἐρασινίδου.
Εὐριπίδης
ληρεῖς· ἐγὼ δὲ τοὺς προλόγους καλοὺς ποιῶ.
Αἰσχύλος
καὶ μὴν μὰ τὸν Δί᾽ οὐ κατ᾽ ἔπος γέ σου κνίσω
τὸ ῥῆμ᾽ ἕκαστον, ἀλλὰ σὺν τοῖσιν θεοῖς
ἀπὸ ληκυθίου σου τοὺς προλόγους διαφθερῶ. 1200
Εὐριπίδης
ἀπὸ ληκυθίου σὺ τοὺς ἐμούς;
Αἰσχύλος
ἑνὸς μόνου.
ποιεῖς γὰρ οὕτως ὥστ᾽ ἐναρμόττειν ἅπαν,
καὶ κῳδάριον καὶ ληκύθιον καὶ θύλακον,
ἐν τοῖς ἰαμβείοισι. δείξω δ᾽ αὐτίκα.
Εὐριπίδης
ἰδού, σὺ δείξεις; 1205
Αἰσχύλος
φημί.
Διόνυσος
καὶ δὴ χρὴ λέγειν.

Εὐριπίδης
"Αἴγυπτος, ὡς ὁ πλεῖστος ἔσπαρται λόγος,
ξὺν παισὶ πεντήκοντα ναυτίλῳ πλάτῃ
Ἄργος κατασχών--
Αἰσχύλος
ληκύθιον ἀπώλεσεν.
Διόνυσος
τουτὶ τί ἦν τὸ ληκύθιον; οὐ κλαύσεται;
λέγ' ἕτερον αὐτῷ πρόλογον, ἵνα καὶ γνῶ πάλιν. 1210
Εὐριπίδης
"Διόνυσος, ὃς θύρσοισι καὶ νεβρῶν δοραῖς
καθαπτὸς ἐν πεύκαισι Παρνασσὸν κάτα
πηδᾷ χορεύων"--
Αἰσχύλος
ληκύθιον ἀπώλεσεν.
Διόνυσος
οἴμοι πεπλήγμεθ' αὖθις ὑπὸ τῆς ληκύθου.
Εὐριπίδης
ἀλλ' οὐδὲν ἔσται πρᾶγμα· πρὸς γὰρ τουτονὶ 1215
τὸν πρόλογον οὐχ ἕξει προσάψαι λήκυθον.
"οὐκ ἔστιν ὅστις πάντ' ἀνὴρ εὐδαιμονεῖ·
ἢ γὰρ πεφυκὼς ἐσθλὸς οὐκ ἔχει βίον,
ἢ δυσγενὴς ὤν"--
Αἰσχύλος
ληκύθιον ἀπώλεσεν.
Διόνυσος
Εὐριπίδη-- 1220
Εὐριπίδης
τί ἔσθ';
Διόνυσος
ὑφέσθαι μοι δοκεῖ·
τὸ ληκύθιον γὰρ τοῦτο πνευσεῖται πολύ.

Εὐριπίδης
οὐδ᾽ ἂν μὰ τὴν Δήμητρα φροντίσαιμί γε·
νυνὶ γὰρ αὐτοῦ τοῦτό γ᾽ ἐκκεκόψεται.
Διόνυσος
ἴθι δὴ λέγ᾽ ἕτερον κἀπέχου τῆς ληκύθου.
Εὐριπίδης
"Σιδώνιόν ποτ᾽ ἄστυ Κάδμος ἐκλιπὼν 1225
Ἀγήνορος παῖς"--
Αἰσχύλος
ληκύθιον ἀπώλεσεν.
Διόνυσος
ὦ δαιμόνι᾽ ἀνδρῶν ἀποπρίω τὴν λήκυθον,
ἵνα μὴ διακναίσῃ τοὺς προλόγους ἡμῶν.
Εὐριπίδης
τὸ τί;
ἐγὼ πρίωμαι τῷδ᾽;
Διόνυσος
ἐὰν πείθῃ γ᾽ ἐμοί.
Εὐριπίδης
οὐ δῆτ᾽, ἐπεὶ πολλοὺς προλόγους ἔξω λέγειν 1230
ἵν᾽ οὗτος οὐχ ἕξει προσάψαι ληκύθιον.
"Πέλοψ ὁ Ταντάλειος ἐς Πῖσαν μολὼν
θοαῖσιν ἵπποις"--
Αἰσχύλος
ληκύθιον ἀπώλεσεν.
Διόνυσος
ὁρᾷς, προσῆψεν αὖθις αὖ τὴν λήκυθον.
ἀλλ᾽ ὦγάθ᾽ ἔτι καὶ νῦν ἀπόδος πάσῃ τέχνῃ· 1235
λήψει γὰρ ὀβολοῦ πάνυ καλήν τε κἀγαθήν.
Εὐριπίδης
μὰ τὸν Δί᾽ οὔπω γ᾽· ἔτι γὰρ εἰσί μοι συχνοί.
"Οἰνεύς ποτ᾽ ἐκ γῆς"--

Αἰσχύλος
ληκύθιον ἀπώλεσεν.
Εὐριπίδης
ἔασον εἰπεῖν πρῶθ' ὅλον με τὸν στίχον.
"Οἰνεύς ποτ' ἐκ γῆς πολύμετρον λαβὼν στάχυν 1240
θύων ἀπαρχάς"--
Αἰσχύλος
ληκύθιον ἀπώλεσεν.
Διόνυσος
μεταξὺ θύων; καὶ τίς αὖθ' ὑφείλετο;
Εὐριπίδης
ἔα αὐτὸν ὦ τᾶν· πρὸς τοδὶ γὰρ εἰπάτω.
"Ζεύς, ὡς λέλεκται τῆς ἀληθείας ὕπο"--
Διόνυσος
ἀπολεῖ σ'· ἐρεῖ γάρ, "ληκύθιον ἀπώλεσεν". 1245
τὸ ληκύθιον γὰρ τοῦτ' ἐπὶ τοῖς προλόγοισί σου
ὥσπερ τὰ σῦκ' ἐπὶ τοῖσιν ὀφθαλμοῖς ἔφυ.
ἀλλ' ἐς τὰ μέλη πρὸς τῶν θεῶν αὐτοῦ τραποῦ.
Εὐριπίδης
καὶ μὴν ἔχω γ' οἷς αὐτὸν ἀποδείξω κακὸν
μελοποιὸν ὄντα καὶ ποιοῦντα ταὔτ' ἀεί. 1250
Χορός
τί ποτε πρᾶγμα γενήσεται;
φροντίζειν γὰρ ἔγωγ' ἔχω,
τίν' ἄρα μέμψιν ἐποίσει
ἀνδρὶ τῷ πολὺ πλεῖστα δὴ
καὶ κάλλιστα μέλη ποιήσαντι 1255
τῶν μέχρι νυνί.
θαυμάζω γὰρ ἔγωγ' ὄπῃ
μέμψεταί ποτε τοῦτον
τὸν Βακχεῖον ἄνακτα,
καὶ δέδοιχ' ὑπὲρ αὐτοῦ. 1260

Εὐριπίδης
πάνυ γε μέλη θαυμαστά· δείξει δὴ τάχα.
εἰς ἓν γὰρ αὐτοῦ πάντα τὰ μέλη ξυντεμῶ.
Διόνυσος
καὶ μὴν λογιοῦμαι ταῦτα τῶν ψήφων λαβών· (διαύλιον προσαυλεῖ τις)
Εὐριπίδης
Φθιῶτ' Ἀχιλλεῦ, τί ποτ' ἀνδροδάικτον ἀκούων
ἰὴ κόπον οὐ πελάθεις ἐπ' ἀρωγάν; 1265
Ἑρμᾶν μὲν πρόγονον τίομεν γένος οἱ περὶ λίμναν.
ἰὴ κόπον οὐ πελάθεις ἐπ' ἀρωγάν;
Διόνυσος
δύο σοὶ κόπω Αἰσχύλε τούτω.
Εὐριπίδης
κύδιστ' Ἀχαιῶν Ἀτρέως πολυκοίρανε μάνθανέ μου
παῖ.1270
ἰὴ κόπον οὐ πελάθεις ἐπ' ἀρωγάν;
Διόνυσος
τρίτος ᾠσχύλε σοὶ κόπος οὗτος.
Εὐριπίδης
εὐφαμεῖτε· μελισσονόμοι δόμον Ἀρτέμιδος πέλας οἴγειν.
ἰὴ κόπον οὐ πελάθεις ἐπ' ἀρωγάν; 1275
κύριός εἰμι θροεῖν ὅδιον κράτος αἴσιον ἀνδρῶν.
ἰὴ κόπον οὐ πελάθεις ἐπ' ἀρωγάν;
Διόνυσος
ὦ Ζεῦ βασιλεῦ τὸ χρῆμα τῶν κόπων ὅσον.
ἐγὼ μὲν οὖν ἐς τὸ βαλανεῖον βούλομαι·
ὑπὸ τῶν κόπων γὰρ τὼ νεφρὼ βουβωνιῶ. 1280
Εὐριπίδης
μὴ πρίν γ' <ἂν> ἀκούσῃς χἀτέραν στάσιν μελῶν
ἐκ τῶν κιθαρῳδικῶν νόμων εἰργασμένην.

Διόνυσος
ἴθι δὴ πέραινε, καὶ κόπον μὴ προστίθει. 1283
Εὐριπίδης
ὅπως Ἀχαιῶν δίθρονον κράτος, Ἑλλάδος ἥβας, 1285
τοφλαττοθρατ τοφλαττοθρατ,
Σφίγγα δυσαμεριᾶν πρύτανιν κύνα, πέμπει,
τοφλαττοθρατ τοφλαττοθρατ,
σὺν δορὶ καὶ χερὶ πράκτορι θούριος ὄρνις,
τοφλαττοθρατ τοφλαττοθρατ, 1290
κυρεῖν παρασχὼν ἰταμαῖς κυσὶν ἀεροφοίτοις,
τοφλαττοθρατ τοφλαττοθρατ,
τὸ συγκλινές τ' ἐπ' Αἴαντι,
τοφλαττοθρατ τοφλαττοθρατ. 1295
Διόνυσος
τί τὸ "φλαττοθρατ" τοῦτ' ἐστίν; ἐκ Μαραθῶνος ἢ
πόθεν συνέλεξας ἱμονιοστρόφου μέλη;
Αἰσχύλος
ἀλλ' οὖν ἐγὼ μὲν ἐς τὸ καλὸν ἐκ τοῦ καλοῦ
ἤνεγκον αὔθ', ἵνα μὴ τὸν αὐτὸν Φρυνίχῳ
λειμῶνα Μουσῶν ἱερὸν ὀφθείην δρέπων· 1300
οὗτος δ' ἀπὸ πάντων "μὲν φέρει, πορνιδίων",
σκολίων Μελήτου, Καρικῶν αὐλημάτων,
θρήνων, χορειῶν. τάχα δὲ δηλωθήσεται.
ἐνεγκάτω τις τὸ λύριον. καίτοι τί δεῖ
λύρας ἐπὶ τούτων; ποῦ 'στιν ἡ τοῖς ὀστράκοις 1305
αὕτη κροτοῦσα; δεῦρο Μοῦσ' Εὐριπίδου,
πρὸς ἥνπερ ἐπιτήδεια ταῦτ' ᾄδειν μέλη.
Διόνυσος
αὕτη ποθ' ἡ Μοῦσ' οὐκ ἐλεσβίαζεν, οὔ.
Αἰσχύλος
ἀλκυόνες, αἳ παρ' ἀενάοις θαλάσσης
κύμασι στωμύλλετε, 1310

τέγγουσαι νοτίοις πτερῶν
ῥανίσι χρόα δροσιζόμεναι·
αἵ θ' ὑπωρόφιοι κατὰ γωνίας
εἰειειειλίσσετε δακτύλοις φάλαγγες
ἱστόπονα πηνίσματα, 1315
κερκίδος ἀοιδοῦ μελέτας,
ἵν' ὁ φίλαυλος ἔπαλλε δελφὶς
πρώραις κυανεμβόλοις
μαντεῖα καὶ σταδίους,
οἰνάνθας γάνος ἀμπέλου, 1320
βότρυος ἕλικα παυσίπονον.
περίβαλλ' ὦ τέκνον ὠλένας.
ὁρᾷς τὸν πόδα τοῦτον;
Διόνυσος
ὁρῶ.
Αἰσχύλος
τί δαί; τοῦτον ὁρᾷς;
Διόνυσος
ὁρῶ.
Αἰσχύλος
τοιαυτὶ μέντοι σὺ ποιῶν 1325
τολμᾷς τἀμὰ μέλη ψέγειν,
ἀνὰ τὸ δωδεκαμήχανον
Κυρήνης μελοποιῶν;
τὰ μὲν μέλη σου ταῦτα· βούλομαι δ' ἔτι
τὸν τῶν μονῳδιῶν διεξελθεῖν τρόπον. 1330
ὦ νυκτὸς κελαινοφαὴς
ὄρφνα, τίνα μοι
δύστανον ὄνειρον
πέμπεις ἐξ ἀφανοῦς,
Ἄιδα πρόμολον,
ψυχὰν ἄψυχον ἔχοντα,

μελαίνας Νυκτὸς παῖδα, 1335
φρικώδη δεινὰν ὄψιν,
μελανονεκυείμονα,
φόνια φόνια δερκόμενον,
μεγάλους ὄνυχας ἔχοντα.
ἀλλά μοι ἀμφίπολοι λύχνον ἄψατε
κάλπισί τ' ἐκ ποταμῶν δρόσον ἄρατε, θέρμετε δ' ὕδωρ,
ὡς ἂν θεῖον ὄνειρον ἀποκλύσω. 1340
ἰὼ πόντιε δαῖμον,
τοῦτ' ἐκεῖν'· ἰὼ ξύνοικοι,
τάδε τέρα θεάσασθε.
τὸν ἀλεκτρυόνα μου συναρπάσασα
φρούδη Γλύκη.
Νύμφαι ὀρεσσίγονοι.
ὦ Μανία ξύλλαβε. 1345
ἐγὼ δ' ἁ τάλαινα προσέχουσ' ἔτυχον
ἐμαυτῆς ἔργοισι,
λίνου μεστὸν ἄτρακτον
εἰειειειλίσσουσα χεροῖν
κλωστῆρα ποιοῦσ', ὅπως
κνεφαῖος εἰς ἀγορὰν 1350
φέρουσ' ἀποδοίμαν·
ὁ δ' ἀνέπτατ' ἀνέπτατ' ἐς αἰθέρα
κουφοτάταις πτερύγων ἀκμαῖς·
ἐμοὶ δ' ἄχε' ἄχεα κατέλιπε,
δάκρυα δάκρυά τ' ἀπ' ὀμμάτων
ἔβαλον ἔβαλον ἁ τλάμων. 1355
ἀλλ' ὦ Κρῆτες, Ἴδας τέκνα,
τὰ τόξα λαβόντες ἐπαμύνατε,
τὰ κῶλά τ' ἀμπάλλετε κυκλούμενοι τὴν οἰκίαν.
ἅμα δὲ Δίκτυννα παῖς Ἄρτεμις καλὰ
τὰς κυνίσκας ἔχουσ' ἐλθέτω διὰ δόμων πανταχῇ, 1360

σὺ δ' ὦ Διὸς διπύρους ἀνέχουσα
λαμπάδας ὀξυτάτας χεροῖν Ἑκάτα παράφηνον
ἐς Γλύκης, ὅπως ἂν
εἰσελθοῦσα φωράσω.
Διόνυσος
παύσασθον ἤδη τῶν μελῶν.
Αἰσχύλος
κἄμοιγ' ἅλις.
ἐπὶ τὸν σταθμὸν γὰρ αὐτὸν ἀγαγεῖν βούλομαι, 1365
ὅπερ ἐξελέγξει τὴν ποίησιν νῷν μόνον.
τὸ γὰρ βάρος νὼ βασανιεῖ τῶν ῥημάτων.
Διόνυσος
ἴτε δεῦρό νυν, εἴπερ γε δεῖ καὶ τοῦτό με
ἀνδρῶν ποιητῶν τυροπωλῆσαι τέχνην.
Χορός
ἐπίπονοί γ' οἱ δεξιοί. 1370
τόδε γὰρ ἕτερον αὖ τέρας
νεοχμόν, ἀτοπίας πλέων,
ὃ τίς ἂν ἐπενόησεν ἄλλος;
*
μὰ τὸν ἐγὼ μὲν οὐδ' ἂν εἴ τις
ἔλεγέ μοι τῶν ἐπιτυχόντων, 1375
ἐπιθόμην, ἀλλ' ᾠόμην ἂν
αὐτὸν αὐτὰ ληρεῖν.
Διόνυσος
ἴθι δὴ παρίστασθον παρὰ τὼ πλάστιγγ',
Αἰσχύλος καί Εὐριπίδης
ἰδού.
Διόνυσος
καὶ λαβομένω τὸ ῥῆμ' ἑκάτερος εἴπατον,
καὶ μὴ μεθῆσθον, πρὶν ἂν ἐγὼ σφῷν κοκκύσω. 1380
Αἰσχύλος καὶ Εὐριπίδης

ἐχόμεθα.
Διόνυσος
τοὔπος νῦν λέγετον ἐς τὸν σταθμόν.
Εὐριπίδης
"εἴθ' ὤφελ' Ἀργοῦς μὴ διαπτάσθαι σκάφος".
Αἰσχύλος
"Σπερχειὲ ποταμὲ βουνόμοι τ' ἐπιστροφαί".
Διόνυσος
κόκκυ, μέθεσθε· καὶ πολύ γε κατωτέρω
χωρεῖ τὸ τοῦδε. 1385
Εὐριπίδης
καὶ τί ποτ' ἐστὶ ταἴτιον;
Διόνυσος
ὅτι εἰσέθηκε ποταμόν, ἐριοπωλικῶς
ὑγρὸν ποιήσας τοὔπος ὥσπερ τἄρια,
σὺ δ' εἰσέθηκας τοὔπος ἐπτερωμένον.
Εὐριπίδης
ἀλλ' ἕτερον εἰπάτω τι κἀντιστησάτω.
Διόνυσος
λάβεσθε τοίνυν αὖθις. 1390
Αἰσχύλος καί Εὐριπίδης
ἦν ἰδού.
Διόνυσος
λέγε.
Εὐριπίδης
"οὐκ ἔστι Πειθοῦς ἱερὸν ἄλλο πλὴν λόγος".
Αἰσχύλος
"μόνος θεῶν γὰρ Θάνατος οὐ δώρων ἐρᾷ".
Διόνυσος
μέθεσθε μέθεσθε· καὶ τὸ τοῦδέ γ' αὖ ῥέπει·
θάνατον γὰρ εἰσέθηκε βαρύτατον κακόν.

Εὐριπίδης
ἐγὼ δὲ πειθώ γ᾽ ἔπος ἄριστ᾽ εἰρημένον. 1395
Διόνυσος
πειθὼ δὲ κοῦφόν ἐστι καὶ νοῦν οὐκ ἔχον.
ἀλλ᾽ ἕτερον αὖ ζήτει τι τῶν βαρυστάθμων,
ὅ τι σοι καθέλξει, καρτερόν τε καὶ μέγα.
Εὐριπίδης
φέρε ποῦ τοιοῦτον δῆτά μούστί; ποῦ;
Διόνυσος
φράσω·
"βέβληκ᾽ Ἀχιλλεὺς δύο κύβω καὶ τέτταρα". 1400
λέγοιτ᾽ ἄν, ὡς αὕτη 'στὶ λοιπὴ σφῷν στάσις.
Εὐριπίδης
"σιδηροβριθές τ᾽ ἔλαβε δεξιᾷ ξύλον".
Αἰσχύλος
"ἐφ᾽ ἅρματος γὰρ ἅρμα καὶ νεκρῷ νεκρός".
Διόνυσος
ἐξηπάτηκεν αὖ σὲ καὶ νῦν.
Εὐριπίδης
τῷ τρόπῳ;
Διόνυσος
δύ᾽ ἅρματ᾽ εἰσέθηκε καὶ νεκρὼ δύο, 1405
οὓς οὐκ ἂν ἄραιντ᾽ οὐδ᾽ ἑκατὸν Αἰγύπτιοι.
Αἰσχύλος
καὶ μηκέτ᾽ ἔμοιγε κατ᾽ ἔπος, ἀλλ᾽ ἐς τὸν σταθμὸν
αὐτὸς τὰ παιδί᾽ ἡ γυνὴ Κηφισοφῶν
ἐμβὰς καθήσθω, συλλαβὼν τὰ βιβλία·
ἐγὼ δὲ δύ᾽ ἔπη τῶν ἐμῶν ἐρῶ μόνον. 1410
Διόνυσος
ἄνδρες φίλοι, κἀγὼ μὲν αὐτοὺς οὐ κρινῶ.
οὐ γὰρ δι᾽ ἔχθρας οὐδετέρῳ γενήσομαι.
τὸν μὲν γὰρ ἡγοῦμαι σοφόν τῷ δ᾽ ἥδομαι.

Πλούτων
οὐδὲν ἄρα πράξεις ὧνπερ ἦλθες οὕνεκα;
Διόνυσος
ἐὰν δὲ κρίνω; 1415
Πλούτων
τὸν ἕτερον λαβὼν ἄπει,
ὁπότερον ἂν κρίνῃς, ἵν' ἔλθῃς μὴ μάτην.
Διόνυσος
εὐδαιμονοίης. φέρε πύθεσθέ μου ταδί.
ἐγὼ κατῆλθον ἐπὶ ποιητήν. τοῦ χάριν;
ἵν' ἡ πόλις σωθεῖσα τοὺς χοροὺς ἄγῃ.
ὁπότερος οὖν ἂν τῇ πόλει παραινέσῃ 1420
μᾶλλόν τι χρηστόν, τοῦτον ἄξειν μοι δοκῶ.
πρῶτον μὲν οὖν περὶ Ἀλκιβιάδου τίν' ἔχετον
γνώμην ἑκάτερος; ἡ πόλις γὰρ δυστοκεῖ.
Εὐριπίδης
ἔχει δὲ περὶ αὐτοῦ τίνα γνώμην;
Διόνυσος
τίνα;
ποθεῖ μέν, ἐχθαίρει δέ, βούλεται δ' ἔχειν. 1425
ἀλλ' ὅ τι νοεῖτον εἴπατον τούτου πέρι.
Εὐριπίδης
μισῶ πολίτην, ὅστις ὠφελεῖν πάτραν
βραδὺς πέφυκε μεγάλα δὲ βλάπτειν ταχύς,
καὶ πόριμον αὑτῷ τῇ πόλει δ' ἀμήχανον.
Διόνυσος
εὖ γ' ὦ Πόσειδον· σὺ δὲ τίνα γνώμην ἔχεις; 1430
Δις.
οὐ χρὴ λέοντος σκύμνον ἐν πόλει τρέφειν,
[μάλιστα μὲν λέοντα μὴ ν' πόλει τρέφειν,]
ἢν δ' ἐκτραφῇ τις, τοῖς τρόποις ὑπηρετεῖν.

Διόνυσος
νὴ τὸν Δία τὸν σωτῆρα δυσκρίτως γ' ἔχω·
ὁ μὲν σοφῶς γὰρ εἶπεν, ὁ δ' ἕτερος σαφῶς.
ἀλλ' ἔτι μίαν γνώμην ἑκάτερος εἴπατον 1435
περὶ τῆς πόλεως ἥντιν' ἔχετον σωτηρίαν.
Εὐριπίδης
εἴ τις πτερώσας Κλεόκριτον Κινησίᾳ,
αἴροιεν αὖραι πελαγίαν ὑπὲρ πλάκα.
Διόνυσος
γέλοιον ἂν φαίνοιτο· νοῦν δ' ἔχει τίνα;
Εὐριπίδης
εἰ ναυμαχοῖεν κᾆτ' ἔχοντες ὀξίδας 1440
ῥαίνοιεν ἐς τὰ βλέφαρα τῶν ἐναντίων.
ἐγὼ μὲν οἶδα καὶ θέλω φράζειν.
Διόνυσος
λέγε.
Εὐριπίδης
ὅταν τὰ νῦν ἄπιστα πίσθ' ἡγώμεθα,
τὰ δ' ὄντα πίστ' ἄπιστα.
Διόνυσος
πῶς; οὐ μανθάνω.
ἀμαθέστερόν πως εἰπὲ καὶ σαφέστερον. 1445
Εὐριπίδης
εἰ τῶν πολιτῶν οἷσι νῦν πιστεύομεν,
τούτοις ἀπιστήσαιμεν, οἷς δ' οὐ χρώμεθα,
τούτοισι χρησαίμεσθ', ἴσως σωθεῖμεν ἄν.
εἰ νῦν γε δυστυχοῦμεν ἐν τούτοισι, πῶς
τἀναντί' <ἂν> πράττοντες οὐ σῳζοίμεθ' ἄν; 1450
Διόνυσος
εὖ γ' ὦ Παλάμηδες, ὦ σοφωτάτη φύσις.
ταυτὶ πότερ' αὐτὸς ηὗρες ἢ Κηφισοφῶν;
Εὐριπίδης

ἐγὼ μόνος· τὰς δ' ὀξίδας Κηφισοφῶν.
τί δαὶ σύ; τί λέγεις;
Αἰσχύλος
τὴν πόλιν νῦν μοι φράσον
πρῶτον τίσι χρῆται· πότερα τοῖς χρηστοῖς;
Διόνυσος
πόθεν;
μισεῖ κάκιστα. 1456
Αἰσχύλος
τοῖς πονηροῖς δ' ἥδεται;
Διόνυσος
οὐ δῆτ' ἐκείνη γ', ἀλλὰ χρῆται πρὸς βίαν.
Αἰσχύλος
πῶς οὖν τις ἂν σώσειε τοιαύτην πόλιν,
ᾗ μήτε χλαῖνα μήτε σισύρα συμφέρει;
Διόνυσος
εὕρισκε νὴ Δί', εἴπερ ἀναδύσει πάλιν. 1460
Αἰσχύλος
ἐκεῖ φράσαιμ' ἄν· ἐνθαδὶ δ' οὐ βούλομαι.
Διόνυσος
μὴ δῆτα σύ γ', ἀλλ' ἐνθένδ' ἀνίει τἀγαθά.
Αἰσχύλος
τὴν γῆν ὅταν νομίσωσι τὴν τῶν πολεμίων
εἶναι σφετέραν, τὴν δὲ σφετέραν τῶν πολεμίων,
πόρον δὲ τὰς ναῦς ἀπορίαν δὲ τὸν πόρον. 1465
Διόνυσος
εὖ, πλήν γ' ὁ δικαστὴς αὐτὰ καταπίνει μόνος.
Πλούτων
κρίνοις ἄν.
Διόνυσος
αὕτη σφῷν κρίσις γενήσεται·
αἱρήσομαι γὰρ ὅνπερ ἡ ψυχὴ θέλει.

Εὐριπίδης
μεμνημένος νυν τῶν θεῶν οὓς ὤμοσας
ἦ μὴν ἀπάξειν μ' οἴκαδ', αἱροῦ τοὺς φίλους. 1470
Διόνυσος
"ἡ γλῶττ' ὀμώμοκ'", Αἰσχύλον δ' αἱρήσομαι.
Εὐριπίδης
τί δέδρακας ὦ μιαρώτατ' ἀνθρώπων;
Διόνυσος
ἐγώ;
ἔκρινα νικᾶν Αἰσχύλον. τιὴ γὰρ οὔ;
Εὐριπίδης
αἴσχιστον ἔργον προσβλέπεις μ' εἰργασμένος;
Διόνυσος
τί δ' αἰσχρόν, ἢν μὴ τοῖς θεωμένοις δοκῇ; 1475
Εὐριπίδης
ὦ σχέτλιε περιόψει με δὴ τεθνηκότα;
Διόνυσος
τίς οἶδεν εἰ τὸ ζῆν μέν ἐστι κατθανεῖν,
τὸ πνεῖν δὲ δειπνεῖν, τὸ δὲ καθεύδειν κῴδιον;
Πλούτων
χωρεῖτε τοίνυν ὦ Διόνυσ' εἴσω.
Διόνυσος
τί δαί;
Πλούτων
ἵνα ξενίσω <'γὼ> σφὼ πρὶν ἀποπλεῖν. 1480
Διόνυσος
εὖ λέγεις
νὴ τὸν Δί'· οὐ γὰρ ἄχθομαι τῷ πράγματι.
Χορός
μακάριός γ' ἀνὴρ ἔχων
ξύνεσιν ἠκριβωμένην.
πάρα δὲ πολλοῖσιν μαθεῖν.

ὅδε γὰρ εὖ φρονεῖν δοκήσας 1485
πάλιν ἄπεισιν οἴκαδ' αὖ,
ἐπ' ἀγαθῶ μὲν τοῖς πολίταις,
ἐπ' ἀγαθῷ δὲ τοῖς ἑαυτοῦ
ξυγγενέσι τε καὶ φίλοισι,
διὰ τὸ συνετὸς εἶναι. 1490
χαρίεν οὖν μὴ Σωκράτει
παρακαθήμενον λαλεῖν,
ἀποβαλόντα μουσικὴν
τά τε μέγιστα παραλιπόντα
τῆς τραγῳδικῆς τέχνης. 1495
τὸ δ' ἐπὶ σεμνοῖσιν λόγοισι
καὶ σκαριφησμοῖσι λήρων
διατριβὴν ἀργὸν ποιεῖσθαι,
παραφρονοῦντος ἀνδρός.

Πλούτων
ἄγε δὴ χαίρων Αἰσχύλε χώρει, 1500
καὶ σῷζε πόλιν τὴν ἡμετέραν
γνώμαις ἀγαθαῖς καὶ παίδευσον
τοὺς ἀνοήτους· πολλοὶ δ' εἰσίν·
καὶ δὸς τουτὶ Κλεοφῶντι φέρων
καὶ τουτὶ τοῖσι πορισταῖς 1505
Μύρμηκί θ' ὁμοῦ καὶ Νικομάχῳ,
τόδε δ' Ἀρχενόμῳ·
καὶ φράζ' αὐτοῖς ταχέως ἥκειν
ὡς ἐμὲ δευρὶ καὶ μὴ μέλλειν·
κἂν μὴ ταχέως ἥκωσιν, ἐγὼ 1510
νὴ τὸν Ἀπόλλω στίξας αὐτοὺς
καὶ συμποδίσας
μετ' Ἀδειμάντου τοῦ Λευκολόφου
κατὰ γῆς ταχέως ἀποπέμψω.

Αἰσχύλος
ταῦτα ποιήσω· σὺ δὲ τὸν θᾶκον 1515
τὸν ἐμὸν παράδος Σοφοκλεῖ τηρεῖν
καὶ διασῴζειν, ἢν ἄρ' ἐγώ ποτε
δεῦρ' ἀφίκωμαι. τοῦτον γὰρ ἐγὼ
σοφίᾳ κρίνω δεύτερον εἶναι.
μέμνησο δ' ὅπως ὁ πανοῦργος ἀνὴρ 1520
καὶ ψευδολόγος καὶ βωμολόχος
μηδέποτ' ἐς τὸν θᾶκον τὸν ἐμὸν
μηδ' ἄκων ἐγκαθεδεῖται.
Πλούτων
φαίνετε τοίνυν ὑμεῖς τούτῳ
λαμπάδας ἱεράς, χἄμα προπέμπετε 1525
τοῖσιν τούτου τοῦτον μέλεσιν
καὶ μολπαῖσιν κελαδοῦντες.
Χορός
πρῶτα μὲν εὐοδίαν ἀγαθὴν ἀπιόντι ποιητῇ
ἐς φάος ὀρνυμένῳ δότε δαίμονες οἱ κατὰ γαίας,
τῇ δὲ πόλει μεγάλων ἀγαθῶν ἀγαθὰς ἐπινοίας. 1530
πάγχυ γὰρ ἐκ μεγάλων ἀχέων παυσαίμεθ' ἂν οὕτως
ἀργαλέων τ' ἐν ὅπλοις ξυνόδων. Κλεοφῶν δὲ μαχέσθω
κἄλλος ὁ βουλόμενος τούτων πατρίοις ἐν ἀρούραις.

Σφῆκες

Σωσίας
Οὗτος τί πάσχεις ὦ κακόδαιμον Ξανθία;
Ξανθίας
φυλακὴν καταλύειν νυκτερινὴν διδάσκομαι.
Σωσίας
κακὸν ἄρα ταῖς πλευραῖς τι προύφείλεις μέγα.
ἆρ' οἶσθά γ' οἶον κνώδαλον φυλάττομεν;
Ξανθίας
οἶδ', ἀλλ' ἐπιθυμῶ σμικρὸν ἀπομερμηρίσαι. 5
Σωσίας
σὺ δ' οὖν παρακινδύνευ', ἐπεὶ καύτοῦ γ' ἐμοῦ
κατὰ τοῖν κόραιν ὕπνου τι καταχεῖται γλυκύ.
Ξανθίας
ἀλλ' ἦ παραφρονεῖς ἐτεὸν ἢ κορυβαντιᾷς;
Σωσίας
οὔκ, ἀλλ' ὕπνος μ' ἔχει τις ἐκ Σαβαζίου.
Ξανθίας
τὸν αὐτὸν ἄρ' ἐμοὶ βουκολεῖς Σαβάζιον. 10
κἀμοὶ γὰρ ἀρτίως ἐπεστρατεύσατο
Μῆδός τις ἐπὶ τὰ βλέφαρα νυστακτὴς ὕπνος·
καὶ δῆτ' ὄναρ θαυμαστὸν εἶδον ἀρτίως.
Σωσίας
κἄγωγ' ἀληθῶς οἶον οὐδεπώποτε.
ἀτὰρ σὺ λέξον πρότερος. 15
Ξανθίας
ἐδόκουν αἰετὸν
καταπτόμενον ἐς τὴν ἀγορὰν μέγαν πάνυ
ἀναρπάσαντα τοῖς ὄνυξιν ἀσπίδα

φέρειν ἐπίχαλκον ἀνεκὰς ἐς τὸν οὐρανόν,
κᾆπειτα ταύτην ἀποβαλεῖν Κλεώνυμον.
Σωσίας
οὐδὲν ἄρα γρίφου διαφέρει Κλεώνυμος. 20
Ξανθίας
πῶς δή;
Σωσίας
προσερεῖ τις τοῖσι συμπόταις, λέγων
"τί ταὐτὸν ἐν γῇ τ' ἀπέβαλεν κἀν οὐρανῷ
κἀν τῇ θαλάττῃ θηρίον τὴν ἀσπίδα;"
Ξανθίας
οἴμοι τί δῆτά μοι κακὸν γενήσεται
ἰδόντι τοιοῦτον ἐνύπνιον; 25
Σωσίας
μὴ φροντίσῃς.
οὐδὲν γὰρ ἔσται δεινὸν οὐ μὰ τοὺς θεούς.
Ξανθίας
δεινόν γέ ποὖστ' ἄνθρωπος ἀποβαλὼν ὅπλα.
ἀτὰρ σὺ τὸ σὸν αὖ λέξον.
Σωσίας
ἀλλ' ἐστὶν μέγα.
περὶ τῆς πόλεως γάρ ἐστι τοῦ σκάφους ὅλου.
Ξανθίας
λέγε νυν ἀνύσας τι τὴν τρόπιν τοῦ πράγματος. 30
Σωσίας
ἔδοξέ μοι περὶ πρῶτον ὕπνον ἐν τῇ πυκνὶ
ἐκκλησιάζειν πρόβατα συγκαθήμενα,
βακτηρίας ἔχοντα καὶ τριβώνια·
κᾆπειτα τούτοις τοῖς προβάτοισι μοὐδόκει
δημηγορεῖν φάλαινα πανδοκεύτρια, 35
ἔχουσα φωνὴν ἐμπεπρησμένης ὑός.

Ξανθίας
αἰβοῖ.
Σωσίας
τί ἔστι;
Ξανθίας
παῦε παῦε, μὴ λέγε·
ὅζει κάκιστον τοὐνύπνιον βύρσης σαπρᾶς.
Σωσίας
εἶθ' ἡ μιαρὰ φάλαιν' ἔχουσα τρυτάνην
ἵστη βόειον δημόν. 40
Ξανθίας
οἴμοι δείλαιος·
τὸν δῆμον ἡμῶν βούλεται διιστάναι.
Σωσίας
ἐδόκει δέ μοι Θέωρος αὐτῆς πλησίον
χαμαὶ καθῆσθαι τὴν κεφαλὴν κόρακος ἔχων.
εἶτ' Ἀλκιβιάδης εἶπε πρός με τραυλίσας,
"ὁλᾷς; Θέωλος τὴν κεφαλὴν κόλακος ἔχει". 45
Ξανθίας
ὀρθῶς γε τοῦτ' Ἀλκιβιάδης ἐτραύλισεν.
Σωσίας
οὔκουν ἐκεῖν' ἀλλόκοτον, ὁ Θέωρος κόραξ
γιγνόμενος;
Ξανθίας
ἥκιστ', ἀλλ' ἄριστον.
Σωσίας
πῶς;
Ξανθίας
ὅπως;
ἄνθρωπος ὢν εἶτ' ἐγένετ' ἐξαίφνης κόραξ·
οὔκουν ἐναργὲς τοῦτο συμβαλεῖν, ὅτι 50
ἀρθεὶς ἀφ' ἡμῶν ἐς κόρακας οἰχήσεται;

Σωσίας
εἶτ᾽ οὐκ ἐγὼ δοὺς δύ᾽ ὀβολὼ μισθώσομαι
οὕτως ὑποκρινόμενον σοφῶς ὀνείρατα;
Ξανθίας
φέρε νυν κατείπω τοῖς θεαταῖς τὸν λόγον,
ὀλίγ᾽ ἄτθ᾽ ὑπειπὼν πρῶτον αὐτοῖσιν ταδί, 55
μηδὲν παρ᾽ ἡμῶν προσδοκᾶν λίαν μέγα,
μηδ᾽ αὖ γέλωτα Μεγαρόθεν κεκλεμμένον.
ἡμῖν γὰρ οὐκ ἔστ᾽ οὔτε κάρυ᾽ ἐκ φορμίδος
δούλω διαρριπτοῦντε τοῖς θεωμένοις,
οὔθ᾽ Ἡρακλῆς τὸ δεῖπνον ἐξαπατώμενος, 60
οὐδ᾽ αὖθις ἀνασελγαινόμενος Εὐριπίδης·
οὐδ᾽ εἰ Κλέων γ᾽ ἔλαμψε τῆς τύχης χάριν,
αὖθις τὸν αὐτὸν ἄνδρα μυττωτεύσομεν.
ἀλλ᾽ ἔστιν ἡμῖν λογίδιον γνώμην ἔχον,
ὑμῶν μὲν αὐτῶν οὐχὶ δεξιώτερον, 65
κωμῳδίας δὲ φορτικῆς σοφώτερον.
ἔστιν γὰρ ἡμῖν δεσπότης ἐκεινοσὶ
ἄνω καθεύδων, ὁ μέγας, οὑπὶ τοῦ τέγους.
οὗτος φυλάττειν τὸν πατέρ᾽ ἐπέταξε νῷν,
ἔνδον καθείρξας, ἵνα θύραζε μὴ ᾽ξίῃ. 70
νόσον γὰρ ὁ πατὴρ ἀλλόκοτον αὐτοῦ νοσεῖ,
ἣν οὐδ᾽ ἂν εἷς γνοίη ποτ᾽ οὐδ᾽ ἂν ξυμβάλοι
εἰ μὴ πύθοιθ᾽ ἡμῶν· ἐπεὶ τοπάζετε.
Ἀμυνίας μὲν ὁ Προνάπους φήσ᾽ οὑτοσὶ
εἶναι φιλόκυβον αὐτόν· ἀλλ᾽ οὐδὲν λέγει. 75
Σωσίας
μὰ Δί᾽, ἀλλ᾽ ἀφ᾽ αὑτοῦ τὴν νόσον τεκμαίρεται.
Ξανθίας
οὔκ, ἀλλὰ "φιλο" μέν ἐστιν ἀρχὴ τοῦ κακοῦ.
ὁδὶ δέ φησι Σωσίας πρὸς Δερκύλον
εἶναι φιλοπότην αὐτόν.

Σωσίας
οὐδαμῶς γ', ἐπεὶ
αὕτη γε χρηστῶν ἐστιν ἀνδρῶν ἡ νόσος. 80
Ξανθίας
Νικόστρατος δ' αὖ φησιν ὁ Σκαμβωνίδης
εἶναι φιλοθύτην αὐτὸν ἢ φιλόξενον.
Σωσίας
μὰ τὸν κύν' ὦ Νικόστρατ' οὐ φιλόξενος,
ἐπεὶ καταπύγων ἐστὶν ὅ γε Φιλόξενος.
Ξανθίας
ἄλλως φλυαρεῖτ'· οὐ γὰρ ἐξευρήσετε. 85
εἰ δὴ 'πιθυμεῖτ' εἰδέναι, σιγᾶτε νῦν.
φράσω γὰρ ἤδη τὴν νόσον τοῦ δεσπότου.
φιληλιαστής ἐστιν ὡς οὐδεὶς ἀνήρ,
ἐρᾷ τε τούτου, τοῦ δικάζειν, καὶ στένει
ἢν μὴ 'πὶ τοῦ πρώτου καθίζηται ξύλου. 90
ὕπνου δ' ὁρᾷ τῆς νυκτὸς οὐδὲ πασπάλην.
ἢν δ' οὖν καταμύσῃ κἂν ἄχνην, ὅμως ἐκεῖ
ὁ νοῦς πέτεται τὴν νύκτα περὶ τὴν κλεψύδραν.
ὑπὸ τοῦ δὲ τὴν ψῆφόν γ' ἔχειν εἰωθέναι
τοὺς τρεῖς ξυνέχων τῶν δακτύλων ἀνίσταται, 95
ὥσπερ λιβανωτὸν ἐπιτιθεὶς νουμηνίᾳ.
καὶ νὴ Δί' ἢν ἴδῃ γέ που γεγραμμένον
υἱὸν Πυριλάμπους ἐν θύρᾳ Δῆμον καλόν,
ἰὼν παρέγραψε πλησίον "κημὸς καλός".
τὸν ἀλεκτρυόνα δ', ὃς ᾖδ' ἀφ' ἑσπέρας, ἔφη 100
ὄψ' ἐξεγείρειν αὐτὸν ἀναπεπεισμένον,
παρὰ τῶν ὑπευθύνων ἔχοντα χρήματα.
εὐθὺς δ' ἀπὸ δορπηστοῦ κέκραγεν ἐμβάδας,
κᾆπειτ' ἐκεῖσ' ἐλθὼν προκαθεύδει πρῲ πάνυ,
ὥσπερ λεπὰς προσεχόμενος τῷ κίονι. 105
ὑπὸ δυσκολίας δ' ἅπασι τιμῶν τὴν μακρὰν

ὥσπερ μέλιττ' ἢ βομβυλιὸς εἰσέρχεται
ὑπὸ τοῖς ὄνυξι κηρὸν ἀναπεπλασμένος.
ψήφων δὲ δείσας μὴ δεηθείη ποτέ,
ἵν' ἔχοι δικάζειν, αἰγιαλὸν ἔνδον τρέφει. 110
τοιαῦτ' ἀλύει· νουθετούμενος δ' ἀεὶ
μᾶλλον δικάζει. τοῦτον οὖν φυλάττομεν
μοχλοῖσιν ἐνδήσαντες, ὡς ἂν μὴ 'ξίῃ.
ὁ γὰρ υἱὸς αὐτοῦ τὴν νόσον βαρέως φέρει.
καὶ πρῶτα μὲν λόγοισι παραμυθούμενος 115
ἀνέπειθεν αὐτὸν μὴ φορεῖν τριβώνιον
μηδ' ἐξιέναι θύραζ', ὁ δ' οὐκ ἐπείθετο.
εἶτ' αὐτὸν ἀπέλου κἀκάθαιρ', ὁ δ' οὐ μάλα.
μετὰ τοῦτ' ἐκορυβάντιζ', ὁ δ' αὐτῷ τυμπάνῳ
ᾄξας ἐδίκαζεν ἐς τὸ καινὸν ἐμπεσών. 120
ὅτε δῆτα ταύταις ταῖς τελεταῖς οὐκ ὠφέλει,
διέπλευσεν εἰς Αἴγιναν, εἶτα ξυλλαβὼν
νύκτωρ κατέκλινεν αὐτὸν εἰς Ἀσκληπιοῦ,
ὁ δ' ἀνεφάνη κνεφαῖος ἐπὶ τῇ κιγκλίδι.
ἐντεῦθεν οὐκέτ' αὐτὸν ἐξεφρίεμεν, 125
ὁ δ' ἐξεδίδρασκε διά τε τῶν ὑδρορροῶν
καὶ τῶν ὀπῶν· ἡμεῖς δ' ὅσ' ἦν τετρημένα
ἐνεβύσαμεν ῥακίοισι κἀπακτώσαμεν,
ὁ δ' ὡσπερεὶ κολοιὸς αὑτῷ παττάλους
ἐνέκρουεν ἐς τὸν τοῖχον, εἶτ' ἐξήλλετο. 130
ἡμεῖς δὲ τὴν αὐλὴν ἅπασαν δικτύοις
καταπετάσαντες ἐν κύκλῳ φυλάττομεν.
ἔστιν δ' ὄνομα τῷ μὲν γέροντι Φιλοκλέων
ναὶ μὰ Δία, τῷ δ' υἱεῖ γε τῳδὶ Βδελυκλέων,
ἔχων τρόπους φρυαγμοσεμνάκους τίνας. 135
Βδελυκλέων
ὦ Ξανθία καὶ Σωσία, καθεύδετε;

Ξανθίας
οἴμοι.
Σωσίας
τί ἔστι;
Ξανθίας
Βδελυκλέων ἀνίσταται.
Βδελυκλέων
οὐ περιδραμεῖται σφῷν ταχέως δεῦρ' ἅτερος;
ὁ γὰρ πατὴρ ἐς τὸν ἱπνὸν εἰσελήλυθε
καὶ μυσπολεῖ τι καταδεδυκώς. ἀλλ' ἄθρει 140
κατὰ τῆς πυέλου τὸ τρῆμ' ὅπως μὴ 'κδύσεται·
σὺ δὲ τῇ θύρᾳ πρόσκεισο.
Σωσίας
ταῦτ' ὦ δέσποτα.
Βδελυκλέων
ἄναξ Πόσειδον τί ποτ' ἄρ' ἡ κάπνη ψοφεῖ;
οὗτος τίς εἶ σύ;
Φιλοκλέων
καπνὸς ἔγωγ' ἐξέρχομαι.
Βδελυκλέων
καπνός; φέρ' ἴδω ξύλου τίνος σύ. 145
Φιλοκλέων
συκίνου.
Βδελυκλέων
νὴ τὸν Δί' ὅσπερ γ' ἐστὶ δριμύτατος καπνῶν.
ἀτὰρ οὐκέτ' ἐρρήσεις γε, ποῦ 'σθ' ἡ τηλία;
δύου πάλιν· φέρ' ἐπαναθῶ σοι καὶ ξύλον.
ἐνταῦθά νυν ζήτει τιν' ἄλλην μηχανήν.
ἀτὰρ ἄθλιός γ' εἴμ' ὡς ἕτερός γ' οὐδεὶς ἀνήρ, 150
ὅστις πατρὸς νυνὶ Καπνίου κεκλήσομαι.
Σωσίας
<ὅδε> τὴν θύραν ὠθεῖ·

Βδελυκλέων
πιέζέ νυν σφόδρα,
εὖ κἀνδρικῶς· κἀγὼ γὰρ ἐνταῦθ' ἔρχομαι.
καὶ τῆς κατακλῇδος ἐπιμελοῦ, καὶ τοῦ μοχλοῦ
φύλατθ' ὅπως μὴ τὴν βάλανον ἐκτρώξεται. 155
Φιλοκλέων
τί δράσετ'; οὐκ ἐκφρήσετ' ὦ μιαρώτατοι
δικάσοντά μ', ἀλλ' ἐκφεύξεται Δρακοντίδης;
Βδελυκλέων
σὺ δὲ τοῦτο βαρέως ἂν φέροις;
Φιλοκλέων
ὁ γὰρ θεὸς
μαντευομένῳ μοὔχρησεν ἐν Δελφοῖς ποτέ,
ὅταν τις ἐκφύγῃ μ' ἀποσκλῆναι τότε. 160
Βδελυκλέων
Ἄπολλον ἀποτρόπαιε τοῦ μαντεύματος.
Φιλοκλέων
ἴθ' ἀντιβολῶ σ' ἔκφρες με, μὴ διαρραγῶ.
Βδελυκλέων
μὰ τὸν Ποσειδῶ Φιλοκλέων οὐδέποτέ γε.
Φιλοκλέων
διατρώξομαι τοίνυν ὀδὰξ τὸ δίκτυον.
Βδελυκλέων
ἀλλ' οὐκ ἔχεις ὀδόντας. 165
Φιλοκλέων
οἴμοι δείλαιος·
τῶς ἄν σ' ἀποκτείναιμι; πῶς; δότε μοι ξίφος
ὅπως τάχιστ', ἢ πινάκιον τιμητικόν.
Βδελυκλέων
ἄνθρωπος οὗτος μέγα τι δρασείει κακόν.
Φιλοκλέων
μὰ τὸν Δί' οὐ δῆτ', ἀλλ' ἀποδόσθαι βούλομαι

τὸν ὄνον ἄγων αὐτοῖσι τοῖς κανθηλίοις· 170
νουμηνία γάρ ἐστιν.
Βδελυκλέων
οὔκουν κἂν ἐγὼ
αὐτὸν ἀποδοίμην δῆτ' ἄν;
Φιλοκλέων
οὐχ ὥσπερ γ' ἐγώ.
Βδελυκλέων
μὰ Δί' ἀλλ' ἄμεινον.
Φιλοκλέων
ἀλλὰ τὸν ὄνον ἔξαγε.
Σωσίας
οἵαν πρόφασιν καθῆκεν, ὡς εἰρωνικῶς,
ἵν' αὐτὸν ἐκπέμψειας. 175
Βδελυκλέων
ἀλλ' οὐκ ἔσπασεν
ταύτῃ γ'· ἐγὼ γὰρ ᾐσθόμην τεχνωμένου.
ἀλλ' εἰσιών μοι τὸν ὄνον ἐξάγειν δοκῶ
ὅπως ἂν ὁ γέρων μηδὲ παρακύψῃ πάλιν.
κάνθων τί κλάεις; ὅτι πεπράσει τήμερον;
βάδιζε θᾶττον. τί στένεις, εἰ μὴ φέρεις 180
Ὀδυσσέα τιν';
Σωσίας
ἀλλὰ ναὶ μὰ Δία φέρει
κάτω γε τουτονί τιν' ὑποδεδυκότα.
Βδελυκλέων
ποῖον; φέρ' ἴδωμαι τουτονί. τουτὶ τί ἦν;
τίς εἶ ποτ' ὦνθρωπ' ἐτεόν;
Φιλοκλέων
Οὖτις νὴ Δία.
Βδελυκλέων
Οὖτις σύ; ποδαπός; 185

Φιλοκλέων
Ἴθακος Ἀποδρασιππίδου.
Βδελυκλέων
Οὖτις μὰ τὸν Δί' οὔτι χαιρήσων γε σύ.
ὕφελκε θᾶττον αὐτόν. ὦ μιαρώτατος
ἵν' ὑποδέδυκεν· ὥστ' ἔμοιγ' ἰνδάλλεται
ὁμοιότατος κλητῆρος εἶναι πωλίῳ.
Φιλοκλέων
εἰ μή μ' ἐάσεθ' ἥσυχον, μαχούμεθα. 190
Βδελυκλέων
περὶ τοῦ μαχεῖ νῷν δῆτα;
Φιλοκλέων
περὶ ὄνου σκιᾶς.
Βδελυκλέων
πονηρὸς εἶ πόρρω τέχνης καὶ παράβολος.
Φιλοκλέων
ἐγὼ πονηρός; οὐ μὰ Δί' ἀλλ' οὐκ οἶσθα σὺ
νῦν μ' ὄντ' ἄριστον· ἀλλ' ἴσως, ὅταν φάγῃς
ὑπογάστριον γέροντος ἡλιαστικοῦ. 195
Βδελυκλέων
ὤθει τὸν ὄνον καὶ σαυτὸν ἐς τὴν οἰκίαν.
Φιλοκλέων
ὦ ξυνδικασταὶ καὶ Κλέων ἀμύνατε.
Βδελυκλέων
ἔνδον κέκραχθι τῆς θύρας κεκλῃμένης.
ὤθει σὺ πολλοὺς τῶν λίθων πρὸς τὴν θύραν,
καὶ τὴν βάλανον ἔμβαλλε πάλιν ἐς τὸν μοχλόν, 200
καὶ τῇ δοκῷ προσθεὶς τὸν ὅλμον τὸν μέγαν
ἀνύσας τι προσκύλισον.
Σωσίας
οἴμοι δείλαιος·
πόθεν ποτ' ἐμπέπτωκέ μοι τὸ βωλίον;

Βδελυκλέων
ἴσως ἄνωθεν μῦς ἐνέβαλέ σοί ποθεν.
Σωσίας
μῦς; οὐ μὰ Δί᾽ ἀλλ᾽ ὑποδυόμενός τις οὑτοσὶ 205
ὑπὸ τῶν κεραμίδων ἡλιαστὴς ὀροφίας.
Βδελυκλέων
οἴμοι κακοδαίμων, στροῦθος ἀνὴρ γίγνεται·
ἐκπτήσεται. ποῦ ποῦ ᾽στί μοι τὸ δίκτυον;
σοῦ σοῦ, πάλιν σοῦ. νὴ Δί᾽ ἦ μοι κρεῖττον ἦν
τηρεῖν Σκιώνην ἀντὶ τούτου τοῦ πατρός. 210
Σωσίας
ἄγε νυν, ἐπειδὴ τουτονὶ σεσοβήκαμεν,
κοὐκ ἔσθ᾽ ὅπως διαδὺς ἂν ἡμᾶς ἔτι λάθοι,
τί οὐκ ἀπεκοιμήθημεν ὅσον ὅσον στίλην;
Βδελυκλέων
ἀλλ᾽ ὦ πόνηρ᾽ ἥξουσιν ὀλίγον ὕστερον
οἱ ξυνδικασταὶ παρακαλοῦντες τουτονὶ 215
τὸν πατέρα.
Σωσίας
τί λέγεις; ἀλλὰ νῦν γ᾽ ὄρθρος βαθύς.
Βδελυκλέων
νὴ τὸν Δί᾽, ὀψὲ γοῦν ἀνεστήκασι νῦν.
ὡς ἀπὸ μέσων νυκτῶν γε παρακαλοῦσ᾽ ἀεί,
λύχνους ἔχοντες καὶ μινυρίζοντες μέλη
ἀρχαῖα μελισιδωνοφρυνιχήρατα, 220
οἷς ἐκκαλοῦνται τοῦτον.
Σωσίας
οὐκοῦν, ἢν δέῃ,
ἤδη ποτ᾽ αὐτοὺς τοῖς λίθοις βαλλήσομεν.
Βδελυκλέων
ἀλλ᾽ ὦ πόνηρε τὸ γένος ἤν τις ὀργίσῃ
τὸ τῶν γερόντων, ἔσθ᾽ ὅμοιον σφηκιᾷ.

ἔχουσι γὰρ καὶ κέντρον ἐκ τῆς ὀσφύος 225
ὀξύτατον, ᾧ κεντοῦσι, καὶ κεκραγότες
πηδῶσι καὶ βάλλουσιν ὥσπερ φέψαλοι.
Σωσίας
μὴ φροντίσῃς· ἐὰν ἐγὼ λίθους ἔχω,
πολλῶν δικαστῶν σφηκιὰν διασκεδῶ.
Χορός
χώρει πρόβαιν' ἐρρωμένως. ὦ Κωμία βραδύνεις. 230
μὰ τὸν Δί' οὐ μέντοι πρὸ τοῦ γ', ἀλλ' ἦσθ' ἱμὰς κύνειος·
νυνὶ δὲ κρείττων ἐστί σου Χαρινάδης βαδίζειν.
ὦ Στρυμόδωρε Κονθυλεῦ, βέλτιστε συνδικαστῶν,
Εὐεργίδης ἆρ' ἐστί που 'νταῦθ' ἢ Χάβης ὁ Φλυεύς;
πάρεσθ' ὃ δὴ λοιπόν γ' ἔτ' ἐστίν, ἀπαπαῖ παπαιάξ, 235
ἥβης ἐκείνης ἡνίκ' ἐν Βυζαντίῳ ξυνῆμεν
φρουροῦντ' ἐγώ τε καὶ σύ· κᾆτα περιπατοῦντε νύκτωρ
τῆς ἀρτοπώλιδος λαθόντ' ἐκλέψαμεν τὸν ὅλμον,
κᾆθ' ἥψομεν τοῦ κορκόρου κατασχίσαντες αὐτόν.
ἀλλ' ἐγκονῶμεν ὦνδρες, ὡς ἔσται Λάχητι νυνί· 240
σίμβλον δέ φασι χρημάτων ἔχειν ἅπαντες αὐτόν.
χθὲς οὖν Κλέων ὁ κηδεμὼν ἡμῖν ἐφεῖτ' ἐν ὥρᾳ
ἥκειν ἔχοντας ἡμερῶν ὀργὴν τριῶν πονηρὰν
ἐπ' αὐτόν, ὡς κολωμένους ὧν ἠδίκησεν. ἀλλὰ
σπεύδωμεν ὦνδρες ἥλικες πρὶν ἡμέραν γενέσθαι. 245
χωρῶμεν ἅμα τε τῷ λύχνῳ πάντῃ διασκοπῶμεν,
μή που λίθος τις ἐμποδὼν ἡμᾶς κακόν τι δράσῃ.
Παῖς
τὸν πηλὸν ὦ πάτερ πάτερ τουτονὶ φύλαξαι.
Χορός
κάρφος χαμᾶθέν νυν λαβὼν τὸν λύχνον πρόμυξον.
Παῖς
οὔκ, ἀλλὰ τῳδί μοι δοκῶ τὸν λύχνον προβύσειν. 250

Χορός
τί δὴ μαθὼν τῷ δακτύλῳ τὴν θρυαλλίδ' ὤθεῖς,
καὶ ταῦτα τοὐλαίου σπανίζοντος ὠνόητε;
οὐ γὰρ δάκνει σ', ὅταν δέῃ τίμιον πρίασθαι.
Παῖς
εἰ νὴ Δί' αὖθις κονδύλοις νουθετήσεθ' ἡμᾶς,
ἀποσβέσαντες τοὺς λύχνους ἄπιμεν οἴκαδ' αὐτοί· 255
κἄπειτ' ἴσως ἐν τῷ σκότῳ τουτουὶ στερηθεὶς
τὸν πηλὸν ὥσπερ ἀτταγᾶς τυρβάσεις βαδίζων.
Χορός
ἦ μὴν ἐγὼ σοῦ χἀτέρους μείζονας κολάζω.
ἀλλ' οὑτοσί μοι βόρβορος φαίνεται πατοῦντι·
κοὐκ ἔσθ' ὅπως οὐχ ἡμερῶν τεττάρων τὸ πλεῖστον 260
ὕδωρ ἀναγκαίως ἔχει τὸν θεὸν ποιῆσαι.
ἔπεισι γοῦν τοῖσιν λύχνοις οὑτοιὶ μύκητες·
φιλεῖ δ', ὅταν τοῦτ' ᾖ, ποιεῖν ὑετὸν μάλιστα.
δεῖται δὲ καὶ τῶν καρπίμων ἅττα μή 'στι πρῷα
ὕδωρ γενέσθαι κἀπιπνεῦσαι βόρειον αὐτοῖς. 265
τί χρῆμ' ἄρ' οὐκ τῆς οἰκίας τῆσδε συνδικαστὴς
πέπονθεν, ὡς οὐ φαίνεται δεῦρο πρὸς τὸ πλῆθος;
οὐ μὴν πρὸ τοῦ γ' ἐφολκὸς ἦν, ἀλλὰ πρῶτος ἡμῶν
ἡγεῖτ' ἂν ᾄδων Φρυνίχου· καὶ γάρ ἐστιν ἀνὴρ
φιλῳδός. ἀλλά μοι δοκεῖ στάντας ἐνθάδ' ὦνδρες 270
ᾄδοντας αὐτὸν ἐκκαλεῖν, ἤν τί πως ἀκούσας
τοὐμοῦ μέλους ὑφ' ἡδονῆς ἑρπύσῃ θύραζε.
Χορός
τί ποτ' οὐ πρὸ θυρῶν φαίνετ' ἄρ' ἡμῖν ὁ γέρων οὐδ'
ὑπακούει;
μῶν ἀπολώλεκε τὰς
ἐμβάδας, ἢ προσέκοψ' ἐν 275
τῷ σκότῳ τὸν δάκτυλόν που, 275β
εἶτ' ἐφλέγμηνεν αὐτοῦ

τὸ σφυρὸν γέροντος ὄντος; 276β
καὶ τάχ᾽ ἂν βουβωνιῴη.
ἦ μὴν πολὺ δριμύτατός γ᾽ ἦν τῶν παρ᾽ ἡμῖν, 277β
καὶ μόνος οὐκ ἂν ἐπείθετ᾽,
ἀλλ᾽ ὁπότ᾽ ἀντιβολοίη
τις, κάτω κύπτων ἂν οὕτω 279β
"λίθον ἕψεις", ἔλεγεν. 280
τάχα δ᾽ ἂν διὰ τὸν χθιζινὸν ἄνθρωπον, ὃς ἡμᾶς διεδύετ᾽
ἐξαπατῶν καὶ λέγων
ὡς φιλαθήναιος ἦν καὶ
τἀν Σάμῳ πρῶτος κατείποι,
διὰ τοῦτ᾽ ὀδυνηθεὶς
εἶτ᾽ ἴσως κεῖται πυρέττων.
ἔστι γὰρ τοιοῦτος ἀνήρ. 285
ἀλλ᾽ ὦγάθ᾽ ἀνίστασο μηδ᾽ οὕτω σεαυτὸν
ἔσθιε μηδ᾽ ἀγανάκτει.
καὶ γὰρ ἀνὴρ παχὺς ἥκει
τῶν προδόντων τἀπὶ Θρᾴκης·
ὃν ὅπως ἐγχυτριεῖς.
ὕπαγ᾽ ὦ παῖ ὕπαγε. 290
Παίς
ἐθελήσεις τί μοι οὖν ὦ
πάτερ, ἤν σού τι δεηθῶ;
Χορός
πάνυ γ᾽ ὦ παιδίον. ἀλλ᾽ εἰπέ,
τί βούλει με πρίασθαι
καλόν; οἶμαι δέ σ᾽ ἐρεῖν ἀστραγάλους 295
δήπουθεν ὦ παῖ.
Παίς
μὰ Δί᾽ ἀλλ᾽ ἰσχάδας ὦ παππία·
ἥδιον γάρ.

Χορός
οὐκ ἂν
μὰ Δί, εἰ κρέμαισθέ γ' ὑμεῖς.
Παῖς
μὰ Δί' οὔ τἄρα προπέμψω σε τὸ λοιπόν.
Χορός
ἀπὸ γὰρ τοῦδέ με τοῦ μισθαρίου 300
τρίτον αὐτὸν ἔχειν ἄλφιτα δεῖ καὶ ξύλα κώψον·
<ἒ ἔ.> σὺ δὲ σῦκά μ' αἰτεῖς.
Παῖς
ἄγε νυν ὦ πάτερ ἢν μὴ
τὸ δικαστήριον ἄρχων
καθίσῃ νῦν, πόθεν ὠνησόμεθ' 305
ἄριστον; ἔχεις ἐλπίδα
χρηστήν τινα νῷν ἢ
πόρον Ἕλλας ἱρὸν <εὑρεῖν>;
Χορός
ἀπαπαῖ φεῦ, <ἀπαπαῖ φεῦ,>
μὰ Δί' οὐκ ἔγωγε νῷν οἶδ' 310
ὁπόθεν γε δεῖπνον ἔσται.
Παῖς
τί με δῆτ' ὦ μελέα μῆτερ ἔτικτες;
Χορός
ἵν' ἐμοὶ πράγματα βόσκειν παρέχῃς.
Παῖς
ἀνόνητον ἄρ' ὦ θυλάκιόν σ' εἶχον ἄγαλμα.
ἒ ἔ. πάρα νῷν στενάζειν. 315
Φιλοκλέων
φίλοι, τήκομαι μὲν
πάλαι διὰ τῆς ὀπῆς
ὑμῶν ὑπακούων.
ἀλλὰ γὰρ οὐχ οἷός τ' εἴμ'

ᾄδειν. τί ποιήσω;
τηροῦμαι δ' ὑπὸ τῶνδ', ἐπεὶ
βούλομαί γε πάλαι μεθ' ὑμῶν 320
ἐλθὼν ἐπὶ τοὺς καδίσκους
κακόν τι ποιῆσαι.
ἀλλ' ὦ Ζεῦ <Ζεῦ> μέγα βροντήσας
ἤ με ποίησον καπνὸν ἐξαίφνης
ἢ Προξενίδην ἢ τὸν Σέλλου 325
τοῦτον τὸν ψευδαμάμαξυν.
τόλμησον ἄναξ χαρίσασθαί μοι,
πάθος οἰκτίρας· ἤ με κεραυνῷ
διατινθαλέῳ σπόδισον ταχέως,
κᾆπειτ' ἀνελών μ' ἀποφυσήσας 330
εἰς ὀξάλμην ἔμβαλε θερμήν·
ἢ δῆτα λίθον με ποίησον ἐφ' οὗ
τὰς χοιρίνας ἀριθμοῦσι.

Χορός
τίς γάρ ἐσθ' ὁ ταῦτά σ' εἴργων
κἀποκλῄων τῇ θύρᾳ; λέξον· 335
πρὸς εὔνους γὰρ φράσεις.

Φιλοκλέων
οὑμὸς υἱός. ἀλλὰ μὴ βοᾶτε· καὶ γὰρ τυγχάνει
οὑτοσὶ πρόσθεν καθεύδων. ἀλλ' ὕφεσθε τοῦ τόνου.

Χορός
τοῦ δ' ἔφεξιν ὦ μάταιε ταῦτα δρᾶν σε βούλεται;
<καὶ> τίνα πρόφασιν ἔχων;

Φιλοκλέων
οὐκ ἐᾷ μ' ὦνδρες δικάζειν οὐδὲ δρᾶν οὐδὲν κακόν, 340
ἀλλά μ' εὐωχεῖν ἕτοιμός ἐστ'· ἐγὼ δ' οὐ βούλομαι.

Χορός
τοῦτ' ἐτόλμησ' ὁ μιαρὸς χανεῖν
ὁ Δημολογοκλέων <ὅδ',> 342β

ὅτι λέγεις <σύ> τι περὶ τῶν νεῶν 343
ἀληθές. οὐ γὰρ ἄν ποθ' 343β
οὗτος ἀνὴρ τοῦτ' ἐτόλμησεν
λέγειν, εἰ 344β
μὴ ξυνωμότης τις ἦν. 345
ἀλλ' ἐκ τούτων ὥρα τινά σοι ζητεῖν καινὴν ἐπίνοιαν, 346
ἥτις σε λάθρᾳ τἀνδρὸς τουδὶ καταβῆναι δεῦρο ποιήσει.

Φιλοκλέων
τίς ἂν οὖν εἴη; ζητεῖθ' ὑμεῖς, ὡς πᾶν <ἂν> ἔγωγε ποιοίην·
οὕτω κιττῶ διὰ τῶν σανίδων μετὰ χοιρίνης περιελθεῖν.

Χορός
ἔστιν ὀπὴ δῆθ' ἥντιν' ἂν ἔνδοθεν οἷός τ' εἴης διορύξαι, 350
εἶτ' ἐκδῦναι ῥάκεσιν κρυφθεὶς ὥσπερ πολύμητις
Ὀδυσσεύς;

Φιλοκλέων
πάντα πέφαρκται κοὐκ ἔστιν ὀπῆς οὐδ' εἰ σέρφῳ διαδῦναι.
ἀλλ' ἄλλο τι δεῖ ζητεῖν ὑμᾶς· ὀπίαν δ' οὐκ ἔστι γενέσθαι.

Χορός
μέμνησαι δῆθ', ὅτ' ἐπὶ στρατιᾶς κλέψας ποτὲ τοὺς
ὀβελίσκους 354
ἵεις σαυτὸν κατὰ τοῦ τείχους ταχέως, ὅτε Νάξος ἑάλω.

Φιλοκλέων
οἶδ'· ἀλλὰ τί τοῦτ'; οὐδὲν γὰρ τοῦτ' ἐστὶν ἐκείνῳ
προσόμοιον.
ἥβων γὰρ κἀδυνάμην κλέπτειν, ἴσχυόν τ' αὐτὸς ἐμαυτοῦ,
κοὐδείς μ' ἐφύλαττ', ἀλλ' ἐξῆν μοι
φεύγειν ἀδεῶς. νῦν δὲ ξὺν ὅπλοις
ἄνδρες ὁπλῖται διαταξάμενοι 360
κατὰ τὰς διόδους σκοπιωροῦνται,
τὼ δὲ δύ' αὐτῶν ἐπὶ ταῖσι θύραις
ὥσπερ με γαλῆν κρέα κλέψασαν
τηροῦσιν ἔχοντ' ὀβελίσκους. 364

Χορός
ἀλλὰ καὶ νῦν ἐκπόριζε 365
μηχανὴν ὅπως τάχισθ᾽· ἕως
γάρ, ὦ μελίττιον.
Φιλοκλέων
διατραγεῖν τοίνυν κράτιστόν ἐστί μοι τὸ δίκτυον.
ἢ δέ μοι Δίκτυννα συγγνώμην ἔχοι τοῦ δικτύου.
Χορός
ταῦτα μὲν πρὸς ἀνδρός ἐστ᾽ ἄνοντος ἐς σωτηρίαν.
ἀλλ᾽ ἔπαγε τὴν γνάθον. 370
Φιλοκλέων
διατέτρωκται τοῦτό γ᾽. ἀλλὰ μὴ βοᾶτε μηδαμῶς,
ἀλλὰ τηρώμεσθ᾽ ὅπως μὴ Βδελυκλέων αἰσθήσεται.
Χορός
μηδὲν ὦ τᾶν δέδιθι, μηδέν·
ὡς ἐγὼ τοῦτόν γ᾽, ἐὰν γρύξῃ
τι, ποιήσω δακεῖν τὴν
καρδίαν καὶ τὸν περὶ ψυχῆς 375
δρόμον δραμεῖν, ἵν᾽ εἰδῇ
μὴ πατεῖν τὰ
τοῖν θεοῖν ψηφίσματα.
ἀλλ᾽ ἐξάψας διὰ τῆς θυρίδος τὸ καλῴδιον εἶτα καθίμα 379
δήσας σαυτὸν καὶ τὴν ψυχὴν ἐμπλησάμενος Διοπείθους.
Φιλοκλέων
ἄγε νυν, ἢν αἰσθομένῳ τούτῳ ζητητόν μ᾽ ἐσκαλαμᾶσθαι
κἀνασπαστὸν ποιεῖν εἴσω, τί ποιήσετε; φράζετε νυνί.
Χορός
ἀμυνοῦμέν σοι τὸν πρινώδη θυμὸν ἅπαντες καλέσαντες
ὥστ᾽ οὐ δυνατὸν σ᾽ εἴργειν ἔσται· τοιαῦτα ποιήσομεν ἡμεῖς.
Φιλοκλέων
δράσω τοίνυν ὑμῖν πίσυνος, καί -- μανθάνετ᾽; -- ἤν τι πάθω
'γώ, 385

ἀνελόντες καὶ κατακλαύσαντες θεῖναί μ' ὑπὸ τοῖσι δρυφάκτοις.
Χορός
οὐδὲν πείσει· μηδὲν δείσῃς. ἀλλ' ὦ βέλτιστε καθίει σαυτὸν θαρρῶν κἀπευξάμενος τοῖσι πατρῴοισι θεοῖσιν.
Φιλοκλέων
ὦ Λύκε δέσποτα, γείτων ἥρως· σὺ γὰρ οἷσπερ ἐγὼ κεχάρησαι, 389
τοῖς δακρύοισιν τῶν φευγόντων ἀεὶ καὶ τοῖς ὀλοφυρμοῖς·
ᾤκησας γοῦν ἐπίτηδες ἰὼν ἐνταῦθ' ἵνα ταῦτ' ἀκροῷο,
κἀβουλήθης μόνος ἡρώων παρὰ τὸν κλάοντα καθῆσθαι.
ἐλέησον καὶ σῶσον νυνὶ τὸν σαυτοῦ πλησιόχωρον·
κού μή ποτέ σου παρὰ τὰς κάννας οὐρήσω μηδ' ἀποπάρδω.
Βδελυκλέων
οὗτος ἐγείρου. 395
Ξανθίας
τί τὸ πρᾶγμ';
Βδελυκλέων
ὥσπερ φωνή μέ τις ἐγκεκύκλωται.
Ξανθίας
μῶν ὁ γέρων πῃ διαδύεται <αὖ>;
Βδελυκλέων
μὰ Δί' οὐ δῆτ', ἀλλὰ καθιμᾷ
αὑτὸν δήσας.
Ξανθίας
ὦ μιαρώτατε τί ποιεῖς; οὐ μὴ καταβήσει;
Βδελυκλέων
ἀνάβαιν' ἀνύσας κατὰ τὴν ἑτέραν καὶ ταῖσιν φυλλάσι παῖε,
ἤν πως πρύμνην ἀνακρούσηται πληγεὶς ταῖς εἰρεσιώναις.
Φιλοκλέων
οὐ ξυλλήψεσθ' ὁπόσοισι δίκαι τῆτες μέλλουσιν ἔσεσθαι,
ὦ Σμικυθίων καὶ Τεισιάδη καὶ Χρήμων καὶ Φερέδειπνε;

πότε δ', εἰ μὴ νῦν, ἐπαρήξετέ μοι, πρίν μ' εἴσω μᾶλλον ἄγεσθαι;
Χορός
εἰπέ μοι τί μέλλομεν κινεῖν ἐκείνην τὴν χολήν,
ἥνπερ, ἡνίκ' ἄν τις ἡμῶν ὀργίσῃ τὴν σφηκιάν; 404
νῦν ἐκεῖνο νῦν ἐκεῖνο
τοὐξύθυμον, ᾧ κολαζόμεσθα,
κέντρον "ἐντέτατ' ὀξύ".
ἀλλὰ θαἱμάτια βαλόντες ὡς τάχιστα, παιδία,
θεῖτε καὶ βοᾶτε, καὶ Κλέωνι ταῦτ' ἀγγέλλετε,
καὶ κελεύετ' αὐτὸν ἥκειν 410
ὡς ἐπ' ἄνδρα μισόπολιν
ὄντα κἀπολούμενον, ὅτι
τόνδε λόγον ἐσφέρει,
μὴ δικάζειν δίκας.
Βδελυκλέων
ὦγαθοὶ τὸ πρᾶγμ' ἀκούσατ', ἀλλὰ μὴ κεκράγετε. 415
Χορός
νὴ Δί' ἐς τὸν οὐρανόν γ'.
Βδελυκλέων
ὡς τοῦδ' ἐγὼ οὐ μεθήσομαι.
Χορός
ταῦτα δῆτ' οὐ δεινὰ καὶ τυραννίς ἐστιν ἐμφανής;
ὦ πόλις καὶ Θεώρου θεοισεχθρία,
κεἴ τις ἄλλος προέστηκεν ἡμῶν κόλαξ.
Ξανθίας
Ἡράκλεις καὶ κέντρ' ἔχουσιν. οὐχ ὀρᾷς ὦ δέσποτα; 420
Βδελυκλέων
οἷς γ' ἀπώλεσαν Φίλιππον ἐν δίκῃ τὸν Γοργίου.
Χορός
καὶ σέ γ' αὐτοῖς ἐξολοῦμεν· ἀλλὰ πᾶς ἐπίστρεφε
δεῦρο κἀξείρας τὸ κέντρον εἶτ' ἐπ' αὐτὸν ἵεσο,

ξυσταλεὶς εὔτακτος ὀργῆς καὶ μένους ἐμπλήμενος,
ὡς ἂν εὖ εἰδῇ τὸ λοιπὸν σμῆνος οἷον ὤργισεν. 425
Ξανθίας
τοῦτο μέντοι δεινὸν ἤδη νὴ Δί', εἰ μαχούμεθα·
ὡς ἔγωγ' αὐτῶν ὁρῶν δέδοικα τὰς ἐγκεντρίδας.
Χορός
ἀλλ' ἀφίει τὸν ἄνδρ'· εἰ δὲ μή, φήμ' ἐγὼ
τὰς χελώνας μακαριεῖν σε τοῦ δέρματος.
Φιλοκλέων
εἶά νυν ὦ ξυνδικασταὶ σφῆκες ὀξυκάρδιοι, 430
οἱ μὲν ἐς τὸν πρωκτὸν αὐτῶν ἐσπέτεσθ' ὠργισμένοι,
οἱ δὲ τώφθαλμὼ κύκλῳ κεντεῖτε καὶ τοὺς δακτύλους.
Βδελυκλέων
ὦ Μίδα καὶ Φρὺξ βοήθει δεῦρο καὶ Μασιντύα,
καὶ λάβεσθε τουτουὶ καὶ μὴ μεθῆσθε μηδενί·
εἰ δὲ μή, 'ν πέδαις παχείαις οὐδὲν ἀριστήσετε. 435
ὡς ἐγὼ πολλῶν ἀκούσας οἶδα θρίων τὸν ψόφον.
Χορός
εἰ δὲ μὴ τοῦτον μεθήσεις, ἔν τί σοι παγήσεται.
Φιλοκλέων
ὦ Κέκροψ ἥρως ἄναξ τὰ πρὸς ποδῶν Δρακοντίδη,
περιορᾷς οὕτω μ' ὑπ' ἀνδρῶν βαρβάρων χειρούμενον,
οὓς ἐγὼ 'δίδαξα κλάειν τέτταρ' ἐς τὴν χοίνικα; 440
Χορός
εἶτα δῆτ' οὐ πόλλ' ἔνεστι δεινὰ τῷ γήρᾳ κακά;
δηλαδή· καὶ νῦν γε τούτω τὸν παλαιὸν δεσπότην
πρὸς βίαν χειροῦσιν, οὐδὲν τῶν πάλαι μεμνημένοι
διφθερῶν κἀξωμίδων, ἃς οὗτος αὐτοῖς ἠμπόλα,
καὶ κυνᾶς· καὶ τοὺς πόδας χειμῶνος ὄντος ὠφέλει, 445
ὥστε μὴ ῥιγῶν ἑκάστοτ'· ἀλλὰ τούτοις γ' οὐκ ἔνι
οὐδ' ἐν ὀφθαλμοῖσιν αἰδὼς τῶν παλαιῶν ἐμβάδων.

Φιλοκλέων
οὐκ ἀφήσεις οὐδὲ νυνί μ' ὦ κάκιστον θηρίον,
οὐδ' ἀναμνησθεὶς ὅθ' εὑρὼν τοὺς βότρυς κλέπτοντά σε
προσαγαγὼν πρὸς τὴν ἐλάαν ἐξέδειρ' εὖ κἀνδρικῶς, 450
ὥστε σε ζηλωτὸν εἶναι; σὺ δ' ἀχάριστος ἦσθ' ἄρα.
ἀλλ' ἄνες με καὶ σὺ καὶ σύ, πρὶν τὸν υἱὸν ἐκδραμεῖν.
Χορός
ἀλλὰ τούτων μὲν τάχ' ἡμῖν δώσετον καλὴν δίκην,
οὐκέτ' ἐς μακρὰν ἵν' εἰδῆθ' οἷός ἐστ' ἀνδρῶν τρόπος
ὀξυθύμων καὶ δικαίων καὶ βλεπόντων κάρδαμα. 455
Βδελυκλέων
παῖε παῖ' ὦ Ξανθία τοὺς σφῆκας ἀπὸ τῆς οἰκίας.
Ξανθίας
ἀλλὰ δρῶ τοῦτ'· ἀλλὰ καὶ σὺ τῦφε πολλῷ τῷ καπνῷ.
Σωσίας
οὐχὶ σοῦσθ'; οὐκ ἐς κόρακας; οὐκ ἄπιτε; παῖε τῷ ξύλῳ.
Ξανθίας
καὶ σὺ προσθεὶς Αἰσχίνην ἔντυφε τὸν Σελλαρτίου.
ἆρ' ἐμέλλομέν ποθ' ὑμᾶς ἀποσοβήσειν τῷ χρόνῳ. 460
Βδελυκλέων
ἀλλὰ μὰ Δί' οὐ ῥᾳδίως οὕτως ἂν αὐτοὺς διέφυγες,
εἴπερ ἔτυχον τῶν μελῶν τῶν Φιλοκλέους βεβρωκότες.
Χορός
ἆρα δῆτ' οὐκ αὐτὰ δῆλα
τοῖς πένησιν, ἡ τυραννὶς
"ὡς λάθρᾳ γ' ἐλάνθαν' ὑπιοῦσά με", 465
εἰ σύ γ' ὦ πόνῳ πόνηρε καὶ κομηταμυνία
τῶν νόμων ἡμᾶς ἀπείργεις ὧν ἔθηκεν ἡ πόλις,
οὔτε τιν' ἔχων πρόφασιν
οὔτε λόγον εὐτράπελον,
αὐτὸς ἄρχων μόνος; 470

Βδελυκλέων
ἔσθ' ὅπως ἄνευ μάχης καὶ τῆς κατοξείας βοῆς
ἐς λόγους ἔλθοιμεν ἀλλήλοισι καὶ διαλλαγάς;
Χορός
σούς λόγους ὦ μισόδημε καὶ μοναρχίας ἐραστά,
καὶ ξυνὼν Βρασίδᾳ καὶ φορῶν κράσπεδα 475
στεμμάτων τήν θ' ὑπήνην ἄκουρον τρέφων;
Βδελυκλέων
νὴ Δί' ἦ μοι κρεῖττον ἐκστῆναι τὸ παράπαν τοῦ πατρὸς
μᾶλλον ἢ κακοῖς τοσούτοις ναυμαχεῖν ὁσημέραι.
Χορός
οὐδὲ μὴν οὐδ' ἐν σελίνῳ σούστὶν οὐδ' ἐν πηγάνῳ· 480
τοῦτο γὰρ παρεμβαλοῦμεν τῶν τριχοινίκων ἐπῶν.
ἀλλὰ νῦν μὲν οὐδὲν ἀλγεῖς, ἀλλ' ὅταν ξυνήγορος
ταὐτὰ ταῦτα σου καταντλῇ καὶ ξυνωμότας καλῇ.
Βδελυκλέων
ἆρ' ἂν ὦ πρὸς τῶν θεῶν ὑμεῖς ἀπαλλαχθεῖτέ μου;
ἢ δέδοκταί μοι δέρεσθαι καὶ δέρειν δι' ἡμέρας; 485
Χορός
οὐδέποτέ γ', οὐχ ἕως ἄν τί μου λοιπὸν ᾖ,
ὅστις ἡμῶν ἐπὶ τυραννίδ' ὧδ' ἐστάλης.
Βδελυκλέων
ὡς ἅπανθ' ὑμῖν τυραννίς ἐστι καὶ ξυνωμόται,
ἤν τε μεῖζον ἤν τ' ἔλαττον πρᾶγμά τις κατηγορῇ,
ἧς ἐγὼ οὐκ ἤκουσα τοὔνομ' οὐδὲ πεντήκοντ' ἐτῶν· 490
νῦν δὲ πολλῷ τοῦ ταρίχους ἐστὶν ἀξιωτέρα,
ὥστε καὶ δὴ τοὔνομ' αὐτῆς ἐν ἀγορᾷ κυλίνδεται.
ἢν μὲν ὠνῆταί τις ὀρφῶς μεμβράδας δὲ μὴ 'θέλῃ,
εὐθέως εἴρηχ' ὁ πωλῶν πλησίον τὰς μεμβράδας·
'οὗτος ὀψωνεῖν ἔοιχ' ἄνθρωπος ἐπὶ τυραννίδι.' 495
ἢν δὲ γήτειον προσαιτῇ ταῖς ἀφύαις ἥδυσμά τι,
ἡ λαχανόπωλις παραβλέψασά φησι θατέρῳ·

"εἰπέ μοι, γήτειον αἰτεῖς· πότερον ἐπὶ τυραννίδι,
ἢ νομίζεις τὰς Ἀθήνας σοὶ φέρειν ἡδύσματα;"
Ξανθίας
κἄμέ γ᾽ ἡ πόρνη χθὲς εἰσελθόντα τῆς μεσημβρίας, 500
ὅτι κελητίσαι 'κέλευον, ὀξυθυμηθεῖσά μοι
ἤρετ᾽ εἰ τὴν Ἱππίου καθίσταμαι τυραννίδα.
Βδελυκλέων
ταῦτα γὰρ τούτοις ἀκούειν ἡδέ, εἰ καὶ νῦν ἐγὼ
τὸν πατέρ᾽ ὅτι βούλομαι τούτων ἀπαλλαχθέντα τῶν
ὀρθροφοιτοσυκοφαντοδικοταλαιπώρων τρόπων 505
ζῆν βίον γενναῖον ὥσπερ Μόρυχος, αἰτίαν ἔχω
ταῦτα δρᾶν ξυνωμότης ὢν καὶ φρονῶν τυραννικά.
Φιλοκλέων
νὴ Δί᾽ ἐν δίκῃ γ᾽· ἐγὼ γὰρ οὐδ᾽ ἂν ὀρνίθων γάλα
ἀντὶ τοῦ βίου λάβοιμ᾽ ἂν οὗ με νῦν ἀποστερεῖς·
οὐδὲ χαίρω βατίσιν οὐδ᾽ ἐγχέλεσιν, ἀλλ᾽ ἥδιον ἄν 510
δικίδιον σμικρὸν φάγοιμ᾽ ἂν ἐν λοπάδι πεπνιγμένον.
Βδελυκλέων
νὴ Δί᾽ εἰθίσθης γὰρ ἥδεσθαι τοιούτοις πράγμασιν·
ἀλλ᾽ ἐὰν σιγῶν ἀνάσχῃ καὶ μάθῃς ἁγὼ λέγω,
ἀναδιδάξειν οἴομαί σ᾽ ὡς πάντα ταῦθ᾽ ἁμαρτάνεις.
Φιλοκλέων
ἐξαμαρτάνω δικάζων; 515
Βδελυκλέων
καταγελώμενος μὲν οὖν
οὐκ ἐπαΐεις ὑπ᾽ ἀνδρῶν, οὓς σὺ μόνον οὐ προσκυνεῖς.
ἀλλὰ δουλεύων λέληθας.
Φιλοκλέων
παῦε δουλείαν λέγων,
ὅστις ἄρχω τῶν ἁπάντων.
Βδελυκλέων
οὐ σύ γ᾽, ἀλλ᾽ ὑπηρετεῖς

οἰόμενος ἄρχειν· ἐπεὶ δίδαξον ἡμᾶς ὦ πάτερ,
ἥτις ἡ τιμή 'στί σοι καρπουμένῳ τὴν Ἑλλάδα. 520
Φιλοκλέων
πάνυ γε, καὶ τούτοισί γ' ἐπιτρέψαι 'θέλω.
Βδελυκλέων
καὶ μὴν ἐγώ.
ἄφετέ νυν ἅπαντες αὐτόν.
Φιλοκλέων
καὶ ξίφος γέ μοι δότε.
ἢν γὰρ ἡττηθῶ λέγων σου, περιπεσοῦμαι τῷ ξίφει.
Βδελυκλέων
εἰπέ μοι, τί δ' ἤν, τὸ δεῖνα, τῇ διαίτῃ μὴ 'μμένῃς;
Φιλοκλέων
μηδέποτε πίοιμ' ἀκράτου μισθὸν ἀγαθοῦ δαίμονος. 525
Χορός
νῦν δὴ τὸν ἐκ θἠμετέρου
γυμνασίου δεῖ τι λέγειν
καινόν, ὅπως φανήσει --
Βδελυκλέων
ἐνεγκάτω μοι δεῦρο τὴν κίστην τις ὡς τάχιστα.
ἀτὰρ φανεῖ ποῖός τις ὤν, ἢν ταῦτα παρακελεύῃ; 530
Χορός
μὴ κατὰ τὸν νεανίαν
τονδὶ λέγων. ὁρᾷς γὰρ ὥς
σοι μέγας ἐστὶν ἀγὼν
καὶ περὶ τῶν ἁπάντων,
εἴπερ, ὃ μὴ γένοιθ', οὗτός 535
<σ'> ἐθέλει κρατῆσαι.
Βδελυκλέων
καὶ μὴν ὅσ' ἂν λέξῃ γ' ἁπλῶς μνημόσυνα γράψομαι 'γώ.
Φιλοκλέων
τί γὰρ φάθ' ὑμεῖς, ἢν ὁδί με τῷ λόγῳ κρατήσῃ;

Χορός
οὐκέτι πρεσβυτῶν ὄχλος 540
χρήσιμος ἔστ' οὐδ' ἀκαρῆ·
σκωπτόμενοι δ' ἐν ταῖς ὁδοῖς
θαλλοφόροι καλούμεθ', ἀντωμοσιῶν
κελύφη. 545
ἀλλ' ὦ περὶ τῆς πάσης μέλλων βασιλείας ἀντιλογήσειν 546
τῆς ἡμετέρας, νυνὶ θαρρῶν πᾶσαν γλῶτταν βασάνιζε.
Φιλοκλέων
καὶ μὴν εὐθύς γ' ἀπὸ βαλβίδων περὶ τῆς ἀρχῆς ἀποδείξω
τῆς ἡμετέρας ὡς οὐδεμιᾶς ἥττων ἐστὶν βασιλείας.
τί γὰρ εὔδαιμον καὶ μακαριστὸν μᾶλλον νῦν ἐστὶ
δικαστοῦ,550
ἢ τρυφερώτερον ἢ δεινότερον ζῷον, καὶ ταῦτα γέροντος;
ὃν πρῶτα μὲν ἕρποντ' ἐξ εὐνῆς τηροῦσ' ἐπὶ τοῖσι
δρυφάκτοις
ἄνδρες μεγάλοι καὶ τετραπήχεις· κᾆπειτ' εὐθὺς προσιόντι
ἐμβάλλει μοι τὴν χεῖρ' ἁπαλὴν τῶν δημοσίων κεκλοφυῖαν·
ἱκετεύουσίν θ' ὑποκύπτοντες τὴν φωνὴν
οἰκτροχοοῦντες·555
'οἴκτιρόν μ' ὦ πάτερ, αἰτοῦμαί σ', εἰ καὐτὸς πώποθ'
ὑφείλου
ἀρχὴν ἄρξας ἢ 'πὶ στρατιᾶς τοῖς ξυσσίτοις ἀγοράζων·'
ὃς ἔμ' οὐδ' ἂν ζῶντ' ᾔδειν εἰ μὴ διὰ τὴν προτέραν ἀπόφυξιν.
Βδελυκλέων
τουτὶ περὶ τῶν ἀντιβολούντων ἔστω τὸ μνημόσυνόν μοι.
Φιλοκλέων
εἶτ' εἰσελθὼν ἀντιβοληθεὶς καὶ τὴν ὀργὴν ἀπομορχθεὶς 560
ἔνδον τούτων ὧν ἂν φάσκω πάντων οὐδὲν πεποίηκα,
ἀλλ' ἀκροῶμαι πάσας φωνὰς ἱέντων εἰς ἀπόφυξιν.
φέρ' ἴδω, τί γὰρ οὐκ ἔστιν ἀκοῦσαι θώπευμ' ἐνταῦθα
δικαστῇ;

οἱ μέν γ' ἀποκλάονται πενίαν αὑτῶν καὶ προστιθέασι
κακὰ πρὸς τοῖς οὖσιν, " ἕως ἀνιῶν ἂν ἰσώσῃ τοῖσιν
ἐμοῖσιν"· 565
οἱ δὲ λέγουσιν μύθους ἡμῖν, οἱ δ' Αἰσώπου τι γέλοιον·
οἱ δὲ σκώπτουσ', ἵν' ἐγὼ γελάσω καὶ τὸν θυμὸν καταθῶμαι.
κἂν μὴ τούτοις ἀναπειθώμεσθα, τὰ παιδάρι' εὐθὺς ἀνέλκει
τὰς θηλείας καὶ τοὺς υἱεῖς τῆς χειρός, ἐγὼ δ' ἀκροῶμαι·
τὰ δὲ συγκύψανθ' ἅμα βληχᾶται· κἄπειθ' ὁ πατὴρ ὑπὲρ
αὐτῶν 570
ὥσπερ θεὸν ἀντιβολεῖ με τρέμων τῆς εὐθύνης ἀπολῦσαι·
"εἰ μὲν χαίρεις ἀρνὸς φωνῇ, παιδὸς φωνὴν ἐλεήσαις"·
εἰ δ' αὖ τοῖς χοιριδίοις χαίρω, θυγατρὸς φωνῇ με πιθέσθαι.
χἠμεῖς αὐτῷ τότε τῆς ὀργῆς ὀλίγον τὸν κόλλοπ' ἀνεῖμεν.
ἆρ' οὐ μεγάλη τοῦτ' ἔστ' ἀρχὴ καὶ τοῦ πλούτου
καταχήνη;575

Βδελυκλέων
δεύτερον αὖ σου τουτὶ γράφομαι, τὴν τοῦ πλούτου
καταχήνην·
καὶ τἀγαθά μοι μέμνησ' ἄχεις φάσκων τῆς Ἑλλάδος ἄρχειν.

Φιλοκλέων
παίδων τοίνυν δοκιμαζομένων αἰδοῖα πάρεστι θεᾶσθαι.
κἂν Οἴαγρος εἰσέλθῃ φεύγων, οὐκ ἀποφεύγει πρὶν ἂν ἡμῖν
ἐκ τῆς Νιόβης εἴπῃ ῥῆσιν τὴν καλλίστην ἀπολέξας. 580
κἂν αὐλητής γε δίκην νικᾷ, ταύτης ἡμῖν ἐπίχειρα
ἐν φορβειᾷ τοῖσι δικασταῖς ἔξοδον ηὔλησ' ἀπιοῦσι.
κἂν ἀποθνῄσκων ὁ πατὴρ τῳ δῷ καταλείπων παῖδ'
ἐπίκληρον,
κλάειν ἡμεῖς μακρὰ τὴν κεφαλὴν εἰπόντες τῇ διαθήκῃ
καὶ τῇ κόγχῃ τῇ πάνυ σεμνῶς τοῖς σημείοισιν ἐπούσῃ, 585
ἔδομεν ταύτην ὅστις ἂν ἡμᾶς ἀντιβολήσας ἀναπείσῃ.
καὶ ταῦτ' ἀνυπεύθυνοι δρῶμεν, τῶν δ' ἄλλων οὐδεμί' ἀρχή.

Βδελυκλέων
τουτὶ γάρ τοι σεμνόν, τούτων ὧν εἴρηκας μακαρίζω·
τῆς δ' ἐπικλήρου τὴν διαθήκην ἀδικεῖς ἀνακογχυλιάζων.
Φιλοκλέων
ἔτι δ' ἡ βουλὴ χὠ δῆμος ὅταν κρῖναι μέγα πρᾶγμ'
ἀπορήσῃ590
ἐψήφισται τοὺς ἀδικοῦντας τοῖσι δικασταῖς παραδοῦναι·
εἶτ' Εὔαθλος χὠ μέγας οὗτος Κολακώνυμος ἀσπιδαποβλὴς
οὐχὶ προδώσειν ἡμᾶς φασίν, περὶ τοῦ πλήθους δὲ
μαχεῖσθαι.
κἄν τῷ δήμῳ γνώμην οὐδεὶς πώποτ' ἐνίκησεν, ἐὰν μὴ
εἴπῃ τὰ δικαστήρι' ἀφεῖναι πρώτιστα μίαν δικάσαντας·
αὐτὸς δὲ Κλέων ὁ κεκραξιδάμας μόνον ἡμᾶς οὐ
περιτρώγει,596
ἀλλὰ φυλάττει διὰ χειρὸς ἔχων καὶ τὰς μυίας ἀπαμύνει.
σὺ δὲ τὸν πατέρ' οὐδ' ὁτιοῦν τούτων τὸν σαυτοῦ πώποτ'
ἔδρασας.
ἀλλὰ Θέωρος, καίτοὐστὶν ἀνὴρ Εὐφημίου οὐδὲν ἐλάττων,
τὸν σφόγγον ἔχων ἐκ τῆς λεκάνης τἀμβάδι' ἡμῶν
περικωνεῖ. 600
σκέψαι μ' ἀπὸ τῶν ἀγαθῶν οἵων ἀποκλῄεις καὶ κατερύκεις,
ἣν δουλείαν οὖσαν ἔφασκες καὶ ὑπηρεσίαν ἀποδείξειν.
Βδελυκλέων
ἔμπλησο λέγων· πάντως γάρ τοι παύσει ποτὲ κἀναφανήσει
πρωκτὸς λουτροῦ περιγιγνόμενος τῆς ἀρχῆς τῆς
περισέμνου.
Φιλοκλέων
ὃ δέ γ' ἥδιστον τούτων ἐστὶν πάντων, οὗ 'γὼ
'πελελήσμην,605
ὅταν οἴκαδ' ἴω τὸν μισθὸν ἔχων, κἄπειθ' ἥκονθ' ἅμα πάντες
ἀσπάζωνται διὰ τἀργύριον, καὶ πρῶτα μὲν ἡ θυγάτηρ με
ἀπονίζῃ καὶ τὼ πόδ' ἀλείφῃ καὶ προσκύψασα φιλήσῃ

καὶ παππίζουσ' ἅμα τῇ γλώττῃ <τὸ> τριώβολον
ἐκκαλαμᾶται,
καὶ τὸ γύναιόν μ' ὑποθωπεῦσαν φυστὴν μᾶζαν
προσενέγκῃ, 610
κᾆπειτα καθεζομένη παρ' ἐμοὶ προσαναγκάζῃ, 'φάγε τουτί,
ἔντραγε τουτί·' τούτοισιν ἐγὼ γάνυμαι, κοὔ μή με δεήσῃ
ἐς σὲ βλέψαι καὶ τὸν ταμίαν, ὁπότ' ἄριστον παραθήσει
καταρασάμενος καὶ τονθορύσας. ἀλλ' ἢν μή μοι ταχὺ μάξῃ,
τάδε κέκτημαι πρόβλημα κακῶν, σκευὴν βελέων ἀλεωρήν.
κἂν οἶνόν μοι μὴ 'γχῇς σὺ πιεῖν, τὸν ὄνον τόνδ'
ἐσκεκόμισμαι 616
οἴνου μεστόν, κᾆτ' ἐγχέομαι κλίνας· οὗτος δὲ κεχηνὼς
βρωμησάμενος τοῦ σοῦ δίνου μέγα καὶ στράτιον
κατέπαρδεν.
ἆρ' οὐ μεγάλην ἀρχὴν ἄρχω καὶ τοῦ Διὸς οὐδὲν ἐλάττω, 620
Φιλοκλέων
ὅστις ἀκούω ταὔθ' ἅπερ ὁ Ζεύς;
ἢν γοῦν ἡμεῖς θορυβήσωμεν,
πᾶς τίς φησιν τῶν παριόντων,
"οἶον βροντᾷ τὸ δικαστήριον,
ὦ Ζεῦ βασιλεῦ". 625
κἂν ἀστράψω, ποππύζουσιν
κἀγκεχόδασίν μ' οἱ πλουτοῦντες
καὶ πάνυ σεμνοί.
καὶ σὺ δέδοικάς με μάλιστ' αὐτός·
νὴ τὴν Δήμητρα δέδοικας, ἐγὼ δ'
ἀπολοίμην εἴ σε δέδοικα. 630
Χορός
οὐπώποθ' οὕτω καθαρῶς
οὐδενὸς ἠκούσαμεν οὐδὲ
ξυνετῶς λέγοντος.

Φιλοκλέων
οὔκ, ἀλλ᾽ ἐρήμας ᾤεθ᾽ οὕτω ῥᾳδίως τρυγήσειν.
καλῶς γὰρ ᾔδειν ὡς ἐγὼ ταύτῃ κράτιστός εἰμι. 635
Χορός
ὡς δ᾽ ἐπὶ πάντ᾽ ἐλήλυθεν
κοὐδὲν παρῆλθεν, ὥστ᾽ ἔγωγ᾽
ηὐξανόμην ἀκούων,
κἂν μακάρων δικάζειν
αὑτὸς ἔδοξα νήσοις, 640
ἡδόμενος λέγοντι.
Φιλοκλέων
ὡς οὗτος ἤδη σκορδινᾶται κἄστιν οὐκ ἐν αὑτοῦ.
Βδελυκλέων
ἦ μὴν ἐγώ σε τήμερον σκύτη βλέπειν ποιήσω.
Χορός
δεῖ δέ σε παντοίας πλέκειν
εἰς ἀπόφυξιν παλάμας. 645
τὴν γὰρ ἐμὴν ὀργὴν πεπᾶναι
χαλεπὸν <νεανίᾳ>
μὴ πρὸς ἐμοῦ λέγοντι.
πρὸς ταῦτα μύλην ἀγαθὴν ὥρα ζητεῖν σοι καὶ
νεόκοπτον,648
ἢν μή τι λέγῃς, ἥτις δυνατὴ τὸν ἐμὸν θυμὸν κατερεῖξαι.
Βδελυκλέων
χαλεπὸν μὲν καὶ δεινῆς γνώμης καὶ μείζονος ἢ ᾽πὶ
τρυγῳδοῖς 650
ἰάσασθαι νόσον ἀρχαίαν ἐν τῇ πόλει ἐντετοκυῖαν.
ἀτὰρ ὦ πάτερ ἡμέτερε Κρονίδη --
Φιλοκλέων
παῦσαι καὶ μὴ πατέριζε.
εἰ μὴ γὰρ ὅπως δουλεύω 'γώ, τουτὶ ταχέως με διδάξεις,

οὐκ ἔστιν ὅπως οὐχὶ τεθνήξεις, κἂν χρῇ σπλάγχνων μ'
ἀπέχεσθαι.
Βδελυκλέων
ἀκρόασαί νυν ὦ παππίδιον χαλάσας ὀλίγον τὸ
μέτωπον· 655
καὶ πρῶτον μὲν λόγισαι φαύλως, μὴ ψήφοις ἀλλ' ἀπὸ
χειρός,
τὸν φόρον ἡμῖν ἀπὸ τῶν πόλεων σνλλήβδην τὸν
προσιόντα·
κᾆξω τούτου τὰ τέλη χωρὶς καὶ τὰς πολλὰς ἑκατοστάς,
πρυτανεῖα μέταλλ' ἀγορὰς λιμένας μεσθοὺς καὶ
δημιόπρατα.
τούτων πλήρωμα τάλαντ' ἐγγὺς δισχίλια γίγνεται ἡμῖν. 660
ἀπὸ τούτου νυν κατάθες μισθὸν τοῖσι δικασταῖς ἐνιαυτοῦ
ἓξ χιλιάσιν, κοὔπω πλείους ἐν τῇ χώρᾳ κατένασθεν,
γίγνεται ἡμῖν ἑκατὸν δήπου καὶ πεντήκοντα τάλαντα.
Φιλοκλέων
οὐδ' ἡ δεκάτη τῶν προσιόντων ἡμῖν ἄρ' ἐγίγνεθ' ὁ μισθός.
Βδελυκλέων
μὰ Δί' οὐ μέντοι. 665
Φιλοκλέων
καὶ ποῖ τρέπεται δὴ 'πειτα τὰ χρήματα τἄλλα;
Βδελυκλέων
ἐς τούτους τοὺς "οὐχὶ προδώσω τὸν Ἀθηναίων
κολοσυρτόν,
ἀλλὰ μαχοῦμαι περὶ τοῦ πλήθους ἀεί". σὺ γὰρ ὦ πάτερ
αὐτοὺς
ἄρχειν αἱρεῖ σαυτοῦ τούτοις τοῖς ῥηματίοις περιπεφθείς.
κᾆθ' οὗτοι μὲν δωροδοκοῦσιν κατὰ πεντήκοντα τάλαντα
ἀπὸ τῶν πόλεων ἐπαπειλοῦντες τοιαυτὶ
κἀναφοβοῦντες, 670

"δώσετε τὸν φόρον, ἢ βροντήσας τὴν πόλιν ὑμῶν
ἀνατρέψω".
σὺ δὲ τῆς ἀρχῆς ἀγαπᾷς τῆς σῆς τοὺς ἀργελόφους
περιτρώγων.
οἱ δὲ ξύμμαχοι ὡς ᾔσθηνται τὸν μὲν σύρφακα τὸν ἄλλον
ἐκ κηθαρίον λαγαριζόμενον καὶ τραγαλίζοντα τὸ μηδέν,
σὲ μὲν ἡγοῦνται Κόννου ψῆφον, τούτοισι δὲ
δωροφοροῦσιν 675
ὕρχας οἶνον δάπιδας τυρὸν μέλι σήσαμα προσκεφάλαια
φιάλας χλανίδας στεφάνους ὅρμους ἐκπώματα
πλουθυγιείαν·
σοὶ δ' ὧν ἄρχεις, πολλὰ μὲν ἐν γῇ πολλὰ δ' ἐφ' ὑγρᾷ
πιτυλεύσας,
οὐδεὶς οὐδὲ σκορόδου κεφαλὴν τοῖς ἑψητοῖσι δίδωσιν.

Φιλοκλέων
μὰ Δί' ἀλλὰ παρ' Εὐχαρίδου καὐτὸς τρεῖς γ' ἄγλιθας
μετέπεμψα. 680
ἀλλ' αὐτήν μοι τὴν δουλείαν οὐκ ἀποφαίνων ἀποκναίεις.

Βδελυκλέων
οὐ γὰρ μεγάλη δουλεία 'στὶν τούτους μὲν ἅπαντας ἐν
ἀρχαῖς
αὐτούς τ' εἶναι καὶ τοὺς κόλακας τοὺς τούτων
μισθοφοροῦντας;
σοὶ δ' ἤν τις δῷ τοὺς τρεῖς ὀβολούς, ἀγαπᾷς· οὓς αὐτὸς
ἐλαύνων
καὶ πεζομαχῶν καὶ πολιορκῶν ἐκτήσω πολλὰ πονήτας. 685
καὶ πρὸς τούτοις ἐπιταττόμενος φοιτᾷς, ὃ μάλιστά μ'
ἀπάγχει,
ὅταν εἰσελθὸν μειράκιόν σοι κατάπυγον, Χαιρέου υἱός,
ὡδὶ διαβὰς διακινηθεὶς τῷ σώματι καὶ τρυφερανθείς,
ἥκειν εἴπῃ πρῲ κἀν ὥρᾳ δικάσονθ', ὡς ὅστις ἂν ὑμῶν
ὕστερος ἔλθῃ τοῦ σημείου, τὸ τριώβολον οὐ κομιεῖται· 690

αὐτὸς δὲ φέρει τὸ συνηγορικὸν δραχμήν, κἂν ὕστερος ἔλθῃ·
καὶ κοινωνῶν τῶν ἀρχόντων ἑτέρῳ τινὶ τῶν μεθ' ἑαυτοῦ,
ἤν τίς τι διδῷ τῶν φευγόντων, ξυνθέντε τὸ πρᾶγμα δύ' ὄντε
ἐσπουδάκατον, κᾆθ' ὡς πρίονθ' ὁ μὲν ἕλκει ὁ δ'
ἀντενέδωκε·
σὺ δὲ χασκάζεις τὸν κωλακρέτην, τὸ δὲ πραττόμενόν σε
λέληθεν. 695
Φιλοκλέων
ταυτί με ποιοῦσ'; οἴμοι τί λέγεις; ὥς μου τὸν θῖνα
ταράττεις,
καὶ τὸν νοῦν μου προσάγεις μᾶλλον, κοὐκ οἶδ' ὅ τι χρῆμά με
ποιεῖς.
Βδελυκλέων
σκέψαι τοίνυν ὡς ἐξόν σοι πλουτεῖν καὶ τοῖσιν ἅπασιν
ὑπὸ τῶν ἀεὶ δημιζόντων οὐκ οἶδ' ὅπῃ ἐγκεκύκλησαι,
ὅστις πόλεων ἄρχων πλείστων ἀπὸ τοῦ Πόντου μέχρι
Σαρδοῦς 700
οὐκ ἀπολαύεις πλὴν τοῦθ' ὃ φέρεις ἀκαρῆ· καὶ τοῦτ' ἐρίῳ
σοι
ἐνστάζουσιν κατὰ μικρὸν ἀεὶ τοῦ ζῆν ἕνεχ' ὥσπερ ἔλαιον.
βούλονται γάρ σε πένητ' εἶναι· καὶ τοῦθ' ὧν οὕνεκ' ἐρῶ σοι,
ἵνα γιγνώσκῃς τὸν τιθασευτήν, κᾆθ' ὅταν οὗτός γ' ἐπισίξῃ
ἐπὶ τῶν ἐχθρῶν τιν' ἐπιρρύξας, ἀγρίως αὐτοῖς
ἐπιπηδᾷς. 705
εἰ γὰρ ἐβούλοντο βίον πορίσαι τῷ δήμῳ, ῥᾴδιον ἦν ἄν.
εἰσίν γε πόλεις χίλιαι αἳ νῦν τὸν φόρον ἡμῖν ἀπάγουσι·
τούτων εἴκοσιν ἄνδρας βόσκειν εἴ τις προσέταξεν ἑκάστῃ,
δύο μυριάδ' ἂν τῶν δημοτικῶν ἔζων ἐν πᾶσι λαγῴοις
καὶ στεφάνοισιν παντοδαποῖσιν καὶ πυριάτῃ, 710
ἄξια τῆς γῆς ἀπολαύοντες καὶ τοῦ 'ν Μαραθῶνι τροπαίου.
νῦν δ' ὥσπερ ἐλαολόγοι χωρεῖθ' ἅμα τῷ τὸν μισθὸν ἔχοντι.

Φιλοκλέων
οἴμοι τί πέπονθ᾽; ὡς νάρκη μου κατὰ τῆς χειρὸς καταχεῖται,
καὶ τὸ ξίφος οὐ δύναμαι κατέχειν, ἀλλ᾽ ἤδη μαλθακός εἰμι.
Βδελυκλέων
ἀλλ᾽ ὁπόταν μὲν δείσωσ᾽ αὑτοί, τὴν Εὔβοιαν διδόασιν 715
ὑμῖν καὶ σῖτον ὑφίστανται κατὰ πεντήκοντα μεδίμνους
ποριεῖν· ἔδοσαν δ᾽ οὐπώποτέ σοι πλὴν πρώην πέντε
μεδίμνους,
καὶ ταῦτα μόλις ξενίας φεύγων ἔλαβες κατὰ χοίνικα
κριθῶν.
ὧν οὕνεκ᾽ ἐγώ σ᾽ ἀπέκλῃον ἀεὶ
βόσκειν ἐθέλων καὶ μὴ τούτους 720
ἐγχάσκειν σοι στομφάζοντας.
καὶ νῦν ἀτεχνῶς ἐθέλω παρέχειν
ὅ τι βούλει σοι,
πλὴν κωλακρέτου γάλα πίνειν.
Χορός
ἦ που σοφὸς ἦν ὅστις ἔφασκεν, πρὶν ἂν ἀμφοῖν μῦθον
ἀκούσῃς, 725
οὐκ ἂν δικάσαις. σὺ γὰρ οὖν νῦν μοι νικᾶν πολλῷ
δεδόκησαι·
ὥστ᾽ ἤδη τὴν ὀργὴν χαλάσας τοὺς σκίπωνας καταβάλλω.
ἀλλ᾽ ὦ τῆς ἡλικίας ἡμῖν τῆς αὐτῆς συνθιασῶτα,
πιθοῦ πιθοῦ λόγοισι, μηδ᾽ ἄφρων γένῃ
μηδ᾽ ἀτενὴς ἄγαν ἀτεράμων τ᾽ ἀνήρ. 730
εἴθ᾽ ὤφελέν μοι κηδεμὼν ἢ ξυγγενὴς
εἶναί τις ὅστις τοιαῦτ᾽ ἐνουθέτει.
σοὶ δὲ νῦν τις θεῶν παρὼν ἐμφανὴς
ξυλλαμβάνει τοῦ πράγματος,
καὶ δῆλός ἐστιν εὖ ποιῶν· 735
σὺ δὲ παρὼν δέχου.

Βδελυκλέων
καὶ μὴν θρέψω γ' αὐτὸν παρέχων
ὅσα πρεσβύτῃ ξύμφορα, χόνδρον
λείχειν, χλαῖναν μαλακήν, σισύραν,
πόρνην, ἥτις τὸ πέος τρίψει
καὶ τὴν ὀσφῦν. 740
ἀλλ' ὅτι σιγᾷ κοὐδὲν γρύζει,
τοῦτ' οὐ δύναταί με προσέσθαι.
Χορός
νενουθέτηκεν αὐτὸν ἐς τὰ πράγμαθ', οἷς
τότ' ἐπεμαίνετ'· ἔγνωκε γὰρ ἀρτίως,
λογίζεταί τ' ἐκεῖνα πάνθ' ἁμαρτίας 745
ἃ σοῦ κελεύοντος οὐκ ἐπείθετο.
νῦν δ' ἴσως τοῖσι σοῖς λόγοις πείθεται
καὶ σωφρονεῖ μέντοι μεθιστὰς
ἐς τὸ λοιπὸν τὸν τρόπον
πιθόμενός τέ σοι. 749
Φιλοκλέων
ἰώ μοί μοι.
Βδελυκλέων
οὗτος τί βοᾷς;
Φιλοκλέων
μή μοι τούτων μηδὲν ὑπισχνοῦ. 750
κείνων ἔραμαι, κεῖθι γενοίμαν,
ἵν' ὁ κῆρύξ φησι, 'τίς ἀψήφιστος; ἀνιστάσθω.'
κἀπισταίην ἐπὶ τοῖς κημοῖς
ψηφιζομένων ὁ τελευταῖος. 755
σπεῦδ' ὦ ψυχή. ποῦ μοι ψυχή;
πάρες ὦ σκιερά. μὰ τὸν Ἡρακλέα
μή νυν ἔτ' ἐγὼ 'ν τοῖσι δικασταῖς
κλέπτοντα Κλέωνα λάβοιμι.

Βδελυκλέων
ἴθ᾽ ὦ πάτερ πρὸς τῶν θεῶν ἐμοὶ πιθοῦ. 760
Φιλοκλέων
τί σοι πίθωμαι; λέγ᾽ ὅ τι βούλει πλὴν ἑνός.
Βδελυκλέων
ποίου; φέρ᾽ ἴδω.
Φιλοκλέων
τοῦ μὴ δικάζειν. τοῦτο δὲ
Ἅιδης διακρινεῖ πρότερον ἢ ᾽γὼ πείσομαι.
Βδελυκλέων
σὺ δ᾽ οὖν, ἐπειδὴ τοῦτο κεχάρηκας ποιῶν,
ἐκεῖσε μὲν μηκέτι βάδιζ᾽, ἀλλ᾽ ἐνθάδε 765
αὐτοῦ μένων δίκαζε τοῖσιν οἰκέταις.
Φιλοκλέων
περὶ τοῦ; τί ληρεῖς;
Βδελυκλέων
ταῦθ᾽ ἅπερ ἐκεῖ πράττεται·
ὅτι τὴν θύραν ἀνέῳξεν ἡ σηκὶς λάθρᾳ,
ταύτης ἐπιβολὴν ψηφιεῖ μίαν μόνην.
πάντως δὲ κἀκεῖ ταῦτ᾽ ἔδρας ἑκάστοτε. 770
καὶ ταῦτα μέν νυν εὐλόγως, ἢν ἐξέχῃ
ἕλῃ κατ᾽ ὄρθρον, ἡλιάσει πρὸς ἥλιον·
ἐὰν δὲ νείφῃ, πρὸς τὸ πῦρ καθήμενος·
ὕοντος εἴσει· κἂν ἔγρῃ μεσημβρινός,
οὐδείς σ᾽ ἀποκλῄσει θεσμοθέτης τῇ κιγκλίδι. 775
Φιλοκλέων
τουτί μ᾽ ἀρέσκει.
Βδελυκλέων
πρὸς δὲ τούτοις γ᾽, ἢν δίκην
λέγῃ μακράν τις, οὐχὶ πεινῶν ἀναμενεῖς
δάκνων σεαυτὸν καὶ τὸν ἀπολογούμενον.

Φιλοκλέων
πῶς οὖν διαγιγνώσκειν καλῶς δυνήσομαι
ὥσπερ πρότερον τὰ πράγματ' ἔτι μασώμενος; 780
Βδελυκλέων
πολλῷ γ' ἄμεινον· καὶ λέγεται γὰρ τουτογί,
ὡς οἱ δικασταὶ ψευδομένων τῶν μαρτύρων
μόλις τὸ πρᾶγμ' ἔγνωσαν ἀναμασώμενοι.
Φιλοκλέων
ἀνά τό με πείθεις. ἀλλ' ἐκεῖν' οὔπω λέγεις,
τὸν μισθὸν ὁπόθεν λήψομαι. 785
Βδελυκλέων
παρ' ἐμοῦ.
Φιλοκλέων
καλῶς,
ὁτιὴ κατ' ἐμαυτὸν κοὐ μεθ' ἑτέρου λήψομαι.
αἴσχιστα γάρ τοί μ' ἠργάσατο Λυσίστρατος
ὁ σκωπτόλης. δραχμὴν μετ' ἐμοῦ πρώην λαβὼν
ἐλθὼν διεκερμάτιζετ' ἐν τοῖς ἰχθύσιν,
κἄπειτ' ἐνέθηκε τρεῖς λοπίδας μοι κεστρέων· 790
κἀγὼ 'νέκαψ'· ὀβολοὺς γὰρ ᾠόμην λαβεῖν·
κᾆτα βδελυχθεὶς ὀσφρόμενος ἐξέπτυσα·
κᾆθ' εἷλκον αὐτόν.
Βδελυκλέων
ὁ δὲ τί πρὸς ταῦτ' εἶφ';
Φιλοκλέων
ὅ τι;
ἀλεκτρυόνος μ' ἔφασκε κοιλίαν ἔχειν·
"ταχὺ γοῦν καθέψεις τἀργύριον", ἦ δ' ὃς λέγων. 795
Βδελυκλέων
ὁρᾷς ὅσον καὶ τοῦτο δῆτα κερδανεῖς.
Φιλοκλέων
οὐ πάνυ τι μικρόν. ἀλλ' ὅπερ μέλλεις ποίει.

Βδελυκλέων
ἀνάμενέ νυν· ἐγὼ δὲ ταῦθ᾽ ἥξω φέρων.
Φιλοκλέων
ὅρα τὸ χρῆμα, τὰ λόγι᾽ ὡς περαίνεται.
ἠκηκόη γὰρ ὡς Ἀθηναῖοί ποτε 800
δικάσοιεν ἐπὶ ταῖς οἰκίαισι τὰς δίκας,
κἄν τοῖς προθύροις ἐνοικοδομήσοι πᾶς ἀνὴρ
αὐτῷ δικαστηρίδιον μικρὸν πάνυ,
ὥσπερ Ἑκάταιον, πανταχοῦ πρὸ τῶν θυρῶν.
Βδελυκλέων
ἰδού, τί ἔτ᾽ ἐρεῖς; ὡς ἅπαντ᾽ ἐγὼ φέρω 805
ὅσαπερ ἔφασκον, κἄτι πολλῷ πλείονα.
ἁμὶς μέν, ἢν οὐρητιάσῃς, αὑτηὶ
παρά σοι κρεμήσετ᾽ ἐγγὺς ἐπὶ τοῦ παττάλου.
Φιλοκλέων
σοφόν γε τουτὶ καὶ γέροντι πρόσφορον
ἐξηῦρες ἀτεχνῶς φάρμακον στραγγουρίας. 810
Βδελυκλέων
καὶ πῦρ γε τουτί· καὶ προσέστηκεν φακῆ
ῥοφεῖν, ἐὰν δέῃ τι.
Φιλοκλέων
τοῦτ᾽ αὖ δεξιόν·
κἂν γὰρ πυρέττω, τόν γε μισθὸν λήψομαι.
αὐτοῦ μένων γὰρ τὴν φακῆν ῥοφήσομαι.
ἀτὰρ τί τὸν ὄρνιν ὡς ἔμ᾽ ἐξηνέγκατε; 815
Βδελυκλέων
ἵνα γ᾽, ἢν καθεύδῃς ἀπολογουμένου τινός,
ᾄδων ἄνωθεν ἐξεγείρῃ σ᾽ οὑτοσί.
Φιλοκλέων
ἓν ἔτι ποθῶ, τὰ δ᾽ ἄλλ᾽ ἀρέσκει μοι.
Βδελυκλέων
τὸ τί;

Φιλοκλέων
θήρῷον εἴ πως ἐκκομίσαις τὸ τοῦ Λύκου.
Βδελυκλέων
πάρεστι τουτί, καὐτὸς ἄναξ οὑτοσί. 820
Φιλοκλέων
ὦ δέσποθ' ἥρως ὡς χαλεπὸς ἄρ' ἦσθ' ἰδεῖν.
Βδελυκλέων
οἷόσπερ ἡμῖν φαίνεται Κλεώνυμος.
Φιλοκλέων
οὔκουν ἔχει γ' οὐδ' αὐτὸς ἥρως ὢν ὅπλα.
Βδελυκλέων
εἰ θᾶττον ἐκαθίζου σύ, θᾶττον ἂν δίκην
ἐκάλουν. 825
Φιλοκλέων
κάλει νυν, ὡς κάθημαι 'γὼ πάλαι.
Βδελυκλέων
φέρε νυν τίν' αὐτῷ πρῶτον εἰσαγάγω δίκην;
τί τίς κακὸν δέδρακε τῶν ἐν τῷκίᾳ;
ἡ Θρᾷττα προσκαύσασα πρώην τὴν χύτραν --
Φιλοκλέων
ἐπίσχες οὗτος· ὡς ὀλίγου μ' ἀπώλεσας.
ἄνευ δρυφάκτου τὴν δίκην μέλλεις καλεῖν, 830
ὃ πρῶτον ἡμῖν τῶν ἱερῶν ἐφαίνετο;
Βδελυκλέων
μὰ τὸν Δί' οὐ πάρεστιν.
Φιλοκλέων
ἀλλ' ἐγὼ δραμὼν
αὐτὸς κομιοῦμαι τό γε παραυτίκ' ἔνδοθεν.
Βδελυκλέων
τί ποτε τὸ χρῆμ'; ὡς δεινὸν ἡ φιλοχωρία.
Σωσίας
βάλλ' ἐς κόρακας. τοιουτονὶ τρέφειν κύνα. 835

Βδελυκλέων
τί δ' ἔστιν ἐτεόν;
Σωσίας
οὐ γὰρ ὁ Λάβης ἀρτίως
ὁ κύων παράξας ἐς τὸν ἰπνὸν ὑφαρπάσας
τροφαλίδα τυροῦ Σικελικὴν κατεδήδοκεν;
Βδελυκλέων
τοῦτ' ἆρα πρῶτον τἀδίκημα τῷ πατρὶ
εἰσακτέον μοι· σὺ δὲ κατηγόρει παρών. 840
Σωσίας
μὰ Δί' οὐκ ἔγωγ'· ἀλλ' ἅτερός φησιν κύων
κατηγορήσειν, ἤν τις εἰσάγῃ γραφήν.
Βδελυκλέων
ἴθι νυν ἄγ' αὐτὼ δεῦρο.
Σωσίας
ταῦτα χρὴ ποιεῖν.
Βδελυκλέων
τουτὶ τί ἔστι;
Φιλοκλέων
χοιροκομεῖον Ἑστίας.
Βδελυκλέων
εἶθ' ἱεροσυλήσας φέρεις; 845
Φιλοκλέων
οὔκ, ἀλλ' ἵνα
ἀφ' Ἑστίας ἀρχόμενος ἐπιτρίψω τινά.
ἀλλ' εἴσαγ' ἀνύσας· ὡς ἐγὼ τιμᾶν βλέπω.
Βδελυκλέων
φέρε νυν ἐνέγκω τὰς σανίδας καὶ τὰς γραφάς.
Φιλοκλέων
οἴμοι διατρίβεις κἀπολεῖς τριψημερῶν·
ἐγὼ δ' ἀλοκίζειν ἐδεόμην τὸ χωρίον. 850
Βδελυκλέων

ἰδού.
Φιλοκλέων
κάλει νυν.
Βδελυκλέων
ταῦτα δή. τίς οὑτοσὶ
ὁ πρῶτός ἐστιν;
Φιλοκλέων
ἐς κόρακας, ὡς ἄχθομαι
ὁτιὴ 'πελαθόμην τοὺς καδίσκους ἐκφέρειν.
Βδελυκλέων
οὗτος σὺ ποῖ θεῖς;
Φιλοκλέων
ἐπὶ καδίσκους.
Βδελυκλέων
μὴ δαμῶς.
ἐγὼ γὰρ εἶχον τούσδε τοὺς ἀρυστίχους. 855
Φιλοκλέων
κάλλιστα τοίνυν· πάντα γὰρ πάρεστι νῷν
ὅσων δεόμεθα, πλήν γε δὴ τῆς κλεψύδρας.
Βδελυκλέων
ἡδὶ δὲ δὴ τίς ἐστιν; οὐχὶ κλεψύδρα;
Φιλοκλέων
εὖ γ' ἐκπορίζεις αὐτὰ κἀπιχωρίως.
Βδελυκλέων
ἀλλ' ὡς τάχιστα πῦρ τις ἐξενεγκάτω 860
καὶ μυρρίνας καὶ τὸν λιβανωτὸν ἔνδοθεν,
ὅπως ἂν εὐξώμεσθα πρῶτα τοῖς θεοῖς.
Χορός
καὶ μὴν ἡμεῖς ἐπὶ ταῖς σπονδαῖς
καὶ ταῖς εὐχαῖς
φήμην ἀγαθὴν λέξομεν ὑμῖν, 865
ὅτι γενναίως ἐκ τοῦ πολέμου

καὶ τοῦ νείκους ξυνεβήτην.
Βδελυκλέων
εὐφημία μὲν πρῶτα νῦν ὑπαρχέτω.
Χορός
ὦ Φοῖβ᾿ Ἄπολλον Πύθι᾿ ἐπ᾿ ἀγαθῇ τύχῃ
τὸ πρᾶγμ᾿ ὃ μηχανᾶται 870
ἔμπροσθεν οὗτος τῶν θυρῶν,
ἅπασιν ἡμῖν ἁρμόσαι
παυσαμένοις πλάνων.
ἰήιε Παιάν.
Βδελυκλέων
ὦ δέσποτ᾿ ἄναξ γεῖτον ἀγυιεῦ προθύρου προπύλαιε, 875
δέξαι τελετὴν καινὴν ὦναξ, ἣν τῷ πατρὶ καινοτομοῦμεν,
παῦσόν τ᾿ αὐτοῦ τοῦτο τὸ λίαν στρυφνὸν καὶ πρίνινον
ἦθος,
ἀντὶ σιραίου μέλιτος μικρὸν τῷ θυμιδίῳ παραμείξας·
ἤδη δ᾿ εἶναι τοῖς ἀνθρώποις
ἤπιον αὐτόν,
τοὺς φεύγοντάς τ᾿ ἐλεεῖν μᾶλλον 880
τῶν γραψαμένων 880β
κἀπιδακρύειν ἀντιβολούντων,
καὶ παυσάμενον τῆς δυσκολίας
ἀπὸ τῆς ὀργῆς
τὴν ἀκαλήφην ἀφελέσθαι.
Χορός
ξυνευχόμεσθα <ταὐτά> σοι κἀπᾴδομεν 885
νέαισιν ἀρχαῖς ἕνεκα τῶν προλελεγμένων.
εὖνοι γάρ ἐσμεν ἐξ οὗ
τὸν δῆμον ᾐσθόμεσθά σου
φιλοῦντος ὡς οὐδεὶς ἀνὴρ
τῶν γε νεωτέρων. 890
<ἰήιε Παιάν.>

Βδελυκλέων
εἴ τις θύρασιν ἡλιαστής, εἰσίτω·
ὡς ἡνίκ' ἂν λέγωσιν οὐκ ἐσφρήσομεν.
Φιλοκλέων
τίς ἄρ' ὁ φεύγων;
Βδελυκλέων
οὗτος.
Φιλοκλέων
ὅσον ἁλώσεται.
Βδελυκλέων
ἀκούετ' ἤδη τῆς γραφῆς. ἐγράψατο
κύων Κυδαθηναιεὺς Λάβητ' Αἰξωνέα 895
τὸν τυρὸν ἀδικεῖν ὅτι μόνος κατήσθιεν
τὸν Σικελικόν. τίμημα κλῳὸς σύκινος.
Φιλοκλέων
θάνατος μὲν οὖν κύνειος, ἢν ἅπαξ ἁλῷ.
Βδελυκλέων
καὶ μὴν ὁ φεύγων οὑτοσὶ Λάβης πάρα.
Φιλοκλέων
ὦ μιαρὸς οὗτος· ὡς δὲ καὶ κλέπτον βλέπει, 900
οἷον σεσηρὼς ἐξαπατήσειν μ' οἴεται.
ποῦ δ' <ἔσθ'> ὁ διώκων, ὁ Κυδαθηναιεὺς κύων;
Κύων
αὖ αὖ.
Βδελυκλέων
πάρεστιν οὗτος.
Φιλοκλέων
ἕτερος οὗτος αὖ Λάβης.
Βδελυκλέων
ἀγαθός γ' ὑλακτεῖν καὶ διαλείχειν τὰς χύτρας.
σίγα, κάθιζε· σὺ δ' ἀναβὰς κατηγόρει. 905

Φιλοκλέων
φέρε νυν ἅμα τήνδ᾿ ἐγχεάμενος κἀγὼ ῥοφῶ.
Σωσίας
τῆς μὲν γραφῆς ἠκούσαθ᾿ ἣν ἐγραψάμην
ἄνδρες δικασταὶ τουτονί. δεινότατα γὰρ
ἔργων δέδρακε κἀμὲ καὶ τὸ ῥυππαπαῖ.
ἀποδρὰς γὰρ ἐς τὴν γωνίαν τυρὸν πολὺν 910
κατεσικέλιζε κἀνέπλητ᾿ ἐν τῷ σκότῳ --
Φιλοκλέων
νὴ τὸν Δί᾿ ἀλλὰ δῆλός ἐστ᾿· ἔμοιγέ τοι
τυροῦ κάκιστον ἀρτίως ἐνήρυγεν
ὁ βδελυρὸς οὗτος.
Σωσίας
κοὔ μετέδωκ᾿ αἰτοῦντί μοι.
καίτοι τίς ὑμᾶς εὖ ποιεῖν δυνήσεται, 915
ἢν μή τι κἀμοί τις προβάλλῃ τῷ κυνί;
Φιλοκλέων
οὐδὲν μετέδωκεν οὐδὲ τῷ κοινῷ γ᾿ ἐμοί.
θερμὸς γὰρ ἀνὴρ οὐδὲν ἧττον τῆς φακῆς.
Βδελυκλέων
πρὸς τῶν θεῶν μὴ προκαταγίγνωσκ᾿ ὦ πάτερ,
πρὶν ἄν γ᾿ ἀκούσῃς ἀμφοτέρων. 920
Φιλοκλέων
ἀλλ᾿ ὦγαθὲ
τὸ πρᾶγμα φανερόν ἐστιν· αὐτὸ γὰρ βοᾷ.
Σωσίας
μή νυν ἀφῆτέ γ᾿ αὐτόν, ὡς ὄντ᾿ αὖ πολὺ
κυνῶν ἁπάντων ἄνδρα μονοφαγίστατον,
ὅστις περιπλεύσας τὴν θυείαν ἐν κύκλῳ
ἐκ τῶν πόλεων τὸ σκῖρον ἐξεδήδοκεν. 925
Φιλοκλέων
ἐμοὶ δέ γ᾿ οὔκ ἔστ᾿ οὐδὲ τὴν ὑδρίαν πλάσαι.

129

Σωσίας
πρὸς ταῦτα τοῦτον κολάσατ'· οὐ γὰρ ἄν ποτε
τρέφειν δύναιτ' ἂν μία λόχμη κλέπτα δύο·
ἵνα μὴ κεκλάγγω διὰ κενῆς ἄλλως ἐγώ·
ἐὰν δὲ μή, τὸ λοιπὸν οὐ κεκλάγξομαι. 930
Φιλοκλέων
ἰοὺ ἰού.
ὅσας κατηγόρησε τὰς πανουργίας.
κλέπτον τὸ χρῆμα τἀνδρός· οὐ καὶ σοὶ δοκεῖ
ὦλεκτρυόν; νὴ τὸν Δί' ἐπιμύει γέ τοι.
ὁ θεσμοθέτης· ποῦ 'σθ' οὗτος; ἁμίδα μοι δότω. 935
Βδελυκλέων
αὐτὸς καθελοῦ· τοὺς μάρτυρας γὰρ ἐσκαλῶ.
Λάβητι μάρτυρας παρεῖναι τρύβλιον
δοίδυκα τυρόκνηστιν ἐσχάραν χύτραν,
καὶ τἄλλα, τὰ σκεύη τὰ προσκεκαυμένα.
ἀλλ' ἔτι σύ γ' οὐρεῖς καὶ καθίζεις οὐδέπω; 940
Φιλοκλέων
τοῦτον δέ γ' οἶμ' ἐγὼ χεσεῖσθαι τήμερον.
Βδελυκλέων
οὐκ αὖ σὺ παύσει χαλεπὸς ὢν καὶ δύσκολος,
καὶ ταῦτα τοῖς φεύγουσιν, ἀλλ' ὀδὰξ ἔχει;
ἀνάβαιν', ἀπολογοῦ. τί σεσιώπηκας; λέγε.
Φιλοκλέων
ἀλλ' οὐκ ἔχειν οὗτός γ' ἔοικεν ὅ τι λέγῃ. 945
Βδελυκλέων
οὔκ, ἀλλ' ἐκεῖνό μοι δοκεῖ πεπονθέναι,
ὅπερ ποτὲ φεύγων ἔπαθε καὶ Θουκυδίδης·
ἀπόπληκτος ἐξαίφνης ἐγένετο τὰς γνάθους.
πάρεχ' ἐκποδών. ἐγὼ γὰρ ἀπολογήσομαι.
χαλεπὸν μὲν ὦνδρες ἐστὶ διαβεβλημένου 950
ὑπεραποκρίνεσθαι κυνός, λέξω δ' ὅμως.

ἀγαθὸς γάρ ἐστι καὶ διώκει τοὺς λύκους.
Φιλοκλέων
κλέπτης μὲν οὖν οὗτός γε καὶ ξυνωμότης.
Βδελυκλέων
μὰ Δί᾽ ἀλλ᾽ ἄριστός ἐστι τῶν νυνὶ κυνῶν
οἷός τε πολλοῖς προβατίοις ἐφεστάναι. 955
Φιλοκλέων
τί οὖν ὄφελος, τὸν τυρὸν εἰ κατεσθίει;
Βδελυκλέων
ὅ τι; σοῦ προμάχεται καὶ φυλάττει τὴν θύραν
καὶ τἄλλ᾽ ἄριστός ἐστιν· εἰ δ᾽ ὑφείλετο,
ξύγγνωθι. κιθαρίζειν γὰρ οὐκ ἐπίσταται.
Φιλοκλέων
ἐγὼ δ᾽ ἐβουλόμην ἂν οὐδὲ γράμματα, 960
ἵνα μὴ κακουργῶν ἐνέγραφ᾽ ἡμῖν τὸν λόγον.
Βδελυκλέων
ἄκουσον ὦ δαιμόνιέ μου τῶν μαρτύρων.
ἀνάβηθι τυρόκνηστι καὶ λέξον μέγα·
σὺ γὰρ ταμιεύουσ᾽ ἔτυχες. ἀπόκριναι σαφῶς,
εἰ μὴ κατέκνησας τοῖς στρατιώταις ἃ ἔλαβες. 965
φησὶ κατακνῆσαι.
Φιλοκλέων
νὴ Δί᾽ ἀλλὰ ψεύδεται.
Βδελυκλέων
ὦ δαιμόνι᾽ ἐλέει ταλαιπωρουμένους.
οὗτος γὰρ ὁ Λάβης καὶ τραχήλι᾽ ἐσθίει
καὶ τὰς ἀκάνθας, κοὐδέποτ᾽ ἐν ταὐτῷ μένει.
ὁ δ᾽ ἕτερος οἷός ἐστιν οἰκουρὸς μόνον. 970
αὐτοῦ μένων γὰρ ἅττ᾽ ἂν εἴσω τις φέρῃ
τούτων μεταιτεῖ τὸ μέρος· εἰ δὲ μή, δάκνει.
Φιλοκλέων
αἰβοῖ. τί κακὸν ποτ᾽ ἔσθ᾽ ὅτῳ μαλάττομαι;

κακόν τι περιβαίνει με κἀναπείθομαι.
Βδελυκλέων
ἴθ' ἀντιβολῶ σ'· οἴκτιρατ' αὐτὸν ὦ πάτερε, 975
καὶ μὴ διαφθείρητε. ποῦ τὰ παιδία;
ἀναβαίνετ' ὦ πόνηρα καὶ κνυζούμενα
αἰτεῖτε κἀντιβολεῖτε καὶ δακρύετε.
Φιλοκλέων
κατάβα κατάβα κατάβα κατάβα.
Βδελυκλέων
καταβήσομαι. καίτοι τὸ κατάβα τοῦτο πολλοὺς δὴ πάνυ 980
ἐξηπάτηκεν. ἀτὰρ ὅμως καταβήσομαι.
Φιλοκλέων
ἐς κόρακας. ὡς οὐκ ἀγαθόν ἐστι τὸ ῥοφεῖν.
ἐγὼ γὰρ ἀπεδάκρυσα νῦν γνώμην ἐμὴν
οὐδέν ποτ' ἀλλ' ἢ τῆς φακῆς ἐμπλήμενος.
Βδελυκλέων
οὔκουν ἀποφεύγει δῆτα; 985
Φιλοκλέων
χαλεπὸν εἰδέναι.
Βδελυκλέων
ἴθ' ὦ πατρίδιον ἐπὶ τὰ βελτίω τρέπου.
τηνδὶ λαβὼν τὴν ψῆφον ἐπὶ τὸν ὕστερον
μύσας παρᾷξον κἀπόλυσον ὦ πάτερ.
Φιλοκλέων
οὐ δῆτα· κιθαρίζειν γὰρ οὐκ ἐπίσταμαι.
Βδελυκλέων
φέρε νύν σε τῃδὶ τὴν ταχίστην περιάγω. 990
Φιλοκλέων
ὅδ' ἔσθ' ὁ πρότερος;
Βδελυκλέων
οὗτος·

Φιλοκλέων
αὕτη 'νταῦθ' ἔνι.
Βδελυκλέων
ἐξηπάτηται κἀπολέλυκεν οὐχ ἑκών.
φέρ' ἐξεράσω.
Φιλοκλέων
πῶς ἄρ' ἠγωνίσμεθα;
Βδελυκλέων
δείξειν ἔοικεν. ἐκπέφευγας ὦ Λάβης.
πάτερ πάτερ τί πέπονθας; οἴμοι· ποῦ 'σθ' ὕδωρ; 995
ἔπαιρε σαυτόν.
Φιλοκλέων
εἰπέ νυν ἐκεῖνό μοι,
ὄντως ἀπέφυγε;
Βδελυκλέων
νὴ Δί'·
Φιλοκλέων
οὐδέν εἰμ' ἄρα.
Βδελυκλέων
μὴ φροντίσῃς ὦ δαιμόνι'· ἀλλ' ἀνίστασο.
Φιλοκλέων
πῶς οὖν ἐμαυτῷ τοῦτ' ἐγὼ ξυνείσομαι,
φεύγοντ' ἀπολύσας ἄνδρα; τί ποτε πείσομαι; 1000
ἀλλ' ὦ πολυτίμητοι θεοὶ ξύγγνωτέ μοι·
ἄκων γὰρ αὔτ' ἔδρασα κοὐ τοὐμοῦ τρόπου.
Βδελυκλέων
καὶ μηδὲν ἀγανάκτει γ'. ἐγὼ γάρ σ' ὦ πάτερ
θρέψω καλῶς, ἄγων μετ' ἐμαυτοῦ πανταχοῖ,
ἐπὶ δεῖπνον, ἐς ξυμπόσιον, ἐπὶ θεωρίαν, 1005
ὥσθ' ἡδέως διάγειν σε τὸν λοιπὸν χρόνον·
κοὐκ ἐγχανεῖταί σ' ἐξαπατῶν Ὑπέρβολος.
ἀλλ' εἰσίωμεν.

Φιλοκλέων
ταῦτά νυν, εἴπερ δοκεῖ.
Χορός
ἀλλ' ἴτε χαίροντες ὅποι βούλεσθ'.
ὑμεῖς δὲ τέως ὦ μυριάδες 1010
ἀνάριθμητοι, 1010β
νῦν τὰ μέλλοντ' εὖ λέγεσθαι
μὴ πέσῃ φαύλως χαμᾶζ'
εὐλαβεῖσθε.

τοῦτο γὰρ σκαιῶν θεατῶν 1013β
ἐστὶ πάσχειν, κοὐ πρὸς ὑμῶν.
νῦν αὖτε λεῴ προσέχετε τὸν νοῦν, εἴπερ καθαρόν τι
φιλεῖτε. 1015
μέμψασθαι γὰρ τοῖσι θεαταῖς ὁ ποιητὴς νῦν ἐπιθυμεῖ.
ἀδικεῖσθαι γάρ φησιν πρότερος πόλλ' αὐτοὺς εὖ
πεποιηκώς,
τὰ μὲν οὐ φανερῶς ἀλλ' ἐπικουρῶν κρύβδην ἑτέροισι
ποιηταῖς,
μιμησάμενος τὴν Εὐρυκλέους μαντείαν καὶ διάνοιαν,
εἰς ἀλλοτρίας γαστέρας ἐνδὺς κωμῳδικὰ πολλὰ
χέασθαι· 1020
μετὰ τοῦτο δὲ καὶ φανερῶς ἤδη κινδυνεύων καθ' ἑαυτόν,
οὐκ ἀλλοτρίων ἀλλ' οἰκείων Μουσῶν στόμαθ' ἡνιοχήσας.
ἀρθεὶς δὲ μέγας καὶ τιμηθεὶς ὡς οὐδεὶς πώποτ' ἐν ὑμῖν,
οὐκ "ἐκτελέσαι" φησὶν ἐπαρθεὶς οὐδ' ὀγκῶσαι τὸ φρόνημα,
οὐδὲ παλαίστρας περικωμάζειν πειρῶν· οὐδ' εἴ τις
ἐραστὴς 1025
κωμῳδεῖσθαι παιδίχ' ἑαυτοῦ μισῶν ἔσπευσε πρὸς αὐτόν,
οὐδενὶ πώποτέ φησι πιθέσθαι, γνώμην τιν' ἔχων ἐπιεικῆ,
ἵνα τὰς Μούσας αἷσιν χρῆται μὴ προαγωγοὺς ἀποφήνῃ.

οὐδ' ὅτε πρῶτόν γ' ἦρξε διδάσκειν, ἀνθρώποις φήσ' ἐπιθέσθαι,
ἀλλ' Ἡρακλέους ὀργήν τιν' ἔχων τοῖσι μεγίστοις ἐπιχειρεῖν, 1030
θρασέως ξυστὰς εὐθὺς ἀπ' ἀρχῆς αὐτῷ τῷ καρχαρόδοντι,
οὗ δεινόταται μὲν ἀπ' ὀφθαλμῶν Κύννης ἀκτῖνες ἔλαμπον,
ἑκατὸν δὲ κύκλῳ κεφαλαὶ κολάκων οἰμωξομένων ἐλιχμῶντο
περὶ τὴν κεφαλήν, φωνὴν δ' εἶχεν χαράδρας ὄλεθρον τετοκυίας,
φώκης δ' ὀσμήν, Λαμίας ὄρχεις ἀπλύτους, πρωκτὸν δὲ καμήλου. 1035
τοιοῦτον ἰδὼν τέρας οὔ φησιν δείσας καταδωροδοκῆσαι,
ἀλλ' ὑπὲρ ὑμῶν ἔτι καὶ νυνὶ πολεμεῖ· φησίν τε μετ' αὐτὸν
τοῖς ἠπιάλοις ἐπιχειρῆσαι πέρυσιν καὶ τοῖς πυρετοῖσιν,
οἳ τοὺς πατέρας τ' ἦγχον νύκτωρ καὶ τοὺς πάππους ἀπέπνιγον,
κατακλινόμενοί τ' ἐπὶ ταῖς κοίταις ἐπὶ τοῖσιν ἀπράγμοσιν ὑμῶν 1040
ἀντωμοσίας καὶ προσκλήσεις καὶ μαρτυρίας συνεκόλλων,
ὥστ' ἀναπηδᾶν δειμαίνοντας πολλοὺς ὡς τὸν πολέμαρχον.
τοιόνδ' εὑρόντες ἀλεξίκακον τῆς χώρας τῆσδε καθαρτήν,
πέρυσιν καταπροὔδοτε καινοτάταις σπείραντ' αὐτὸν διανοίαις, 1044
ἃς ὑπὸ τοῦ μὴ γνῶναι καθαρῶς ὑμεῖς ἐποιήσατ' ἀναλδεῖς·
καίτοι σπένδων πόλλ' ἐπὶ πολλοῖς ὄμνυσιν τὸν Διόνυσον
μὴ πώποτ' ἀμείνον' ἔπη τούτων κωμῳδικὰ μηδέν' ἀκοῦσαι.
τοῦτο μὲν οὖν ἔσθ' ὑμῖν αἰσχρὸν τοῖς μὴ γνοῦσιν παραχρῆμα, 1048
ὁ δὲ ποιητὴς οὐδὲν χείρων παρὰ τοῖσι σοφοῖς νενόμισται,
εἰ παρελαύνων τοὺς ἀντιπάλους τὴν ἐπίνοιαν ξυνέτριψεν.

ἀλλὰ τὸ λοιπὸν τῶν ποιητῶν
ὦ δαιμόνιοι τοὺς ζητοῦντας
καινόν τι λέγειν κἀξευρίσκειν
στέργετε μᾶλλον καὶ θεραπεύετε,
καὶ τὰ νοήματα σῴζεσθ' αὐτῶν, 1055
ἐσβάλλετέ τ' ἐς τὰς κιβωτοὺς
μετὰ τῶν μήλων. κἂν ταῦτα ποιῆθ',
ὑμῖν δι' ἔτους τῶν ἱματίων
ὀζήσει δεξιότητος.

ὦ πάλαι ποτ' ὄντες ἡμεῖς ἄλκιμοι μὲν ἐν χοροῖς, 1060
ἄλκιμοι δ' ἐν μάχαις,
καὶ κατ' αὐτὸ δὴ τοῦτο μόνον ἄνδρες ἀλκιμώτατοι·
πρίν ποτ' ἦν πρὶν ταῦτα, νῦν δ'
οἴχεται, κύκνου τ' <ἔτι> πολιώτεραι δὴ
αἵδ' ἐπανθοῦσιν τρίχες. 1065
ἀλλὰ κἀκ τῶν λειψάνων δεῖ
τῶνδε ῥώμην νεανικὴν σχεῖν·
ὡς ἐγὼ τοὐμὸν νομίζω
γῆρας εἶναι κρεῖττον ἢ πολλῶν
κικίννους νεανιῶν καὶ
σχῆμα κεὐρυπρωκτίαν. 1070

εἴ τις ὑμῶν ὦ θεαταὶ τὴν ἐμὴν ἰδὼν φύσιν
εἶτα θαυμάζει μ' ὁρῶν μέσον διεσφηκωμένον,
ἥτις ἡμῶν ἐστὶν ἡ 'πίνοια τῆς ἐγκεντρίδος,
ῥᾳδίως ἐγὼ διδάξω, κἂν ἄμουσος ᾖ τὸ πρίν.
ἐσμὲν ἡμεῖς, οἷς πρόσεστι τοῦτο τοὐρροπύγιον, 1075
Ἀττικοὶ μόνοι δικαίως ἐγγενεῖς αὐτόχθονες,
ἀνδρικώτατον γένος καὶ πλεῖστα τήνδε τὴν πόλιν
ὠφελῆσαν ἐν μάχαισιν, ἡνίκ' ἦλθ' ὁ βάρβαρος,
τῷ καπνῷ τύφων ἅπασαν τὴν πόλιν καὶ πυρπολῶν,

ἐξελεῖν ἡμῶν μενοινῶν πρὸς βίαν τἀνθρήνια. 1080
εὐθέως γὰρ ἐκδραμόντες ξὺν δορὶ ξὺν ἀσπίδι
ἐμαχόμεσθ᾽ αὐτοῖσι, θυμὸν ὀξίνην πεπωκότες,
στὰς ἀνὴρ παρ᾽ ἄνδρ᾽, ὑπ᾽ ὀργῆς τὴν χελύνην ἐσθίων·
ὑπὸ δὲ τῶν τοξευμάτων οὐκ ἦν ἰδεῖν τὸν οὐρανόν.
ἀλλ᾽ ὅμως ἐωσάμεσθα ξὺν θεοῖς πρὸς ἑσπέραν. 1085
γλαῦξ γὰρ ἡμῶν πρὶν μάχεσθαι τὸν στρατὸν διέπτετο·
εἶτα δ᾽ εἰπόμεσθα θυννάζοντες ἐς τοὺς θυλάκους,
οἱ δ᾽ ἔφευγον τὰς γνάθους καὶ τὰς ὀφρῦς κεντούμενοι·
ὥστε παρὰ τοῖς βαρβάροισι πανταχοῦ καὶ νῦν ἔτι
μηδὲν Ἀττικοῦ καλεῖσθαι σφηκὸς ἀνδρικώτερον. 1090

ἆρα δεινὸς ἦ τόθ᾽ ὥστε πάντα μὴ δεδοικέναι,
καὶ κατεστρεψάμην
τοὺς ἐναντίους, πλέων ἐκεῖσε ταῖς τριήρεσιν;
οὐ γὰρ ἦν ἡμῖν ὅπως
ῥῆσιν εὖ λέξειν ἐμέλλομεν τότ᾽, οὐδὲ 1095
συκοφαντήσειν τινὰ
φροντίς, ἀλλ᾽ ὅστις ἐρέτης ἔσοιτ᾽
ἄριστος. τοιγαροῦν πολλὰς
πόλεις Μήδων ἑλόντες
αἰτιώτατοι φέρεσθαι
τὸν φόρον δεῦρ᾽ ἐσμέν, ὃν κλέπτουσιν 1100
οἱ νεώτεροι.

πολλαχοῦ σκοποῦντες ἡμᾶς εἰς ἅπανθ᾽ εὑρήσετε
τοὺς τρόπους καὶ τὴν δίαιταν σφηξὶν ἐμφερεστάτους.
πρῶτα μὲν γὰρ οὐδὲν ἡμῶν ζῷον ἠρεθισμένον
μᾶλλον ὀξύθυμόν ἐστιν οὐδὲ δυσκολώτερον· 1105
εἶτα τἄλλ᾽ ὅμοια πάντα σφηξὶ μηχανώμεθα.
ξυλλεγέντες γὰρ καθ᾽ ἑσμούς, ὡσπερεὶ τἀνθρήνια,
οἱ μὲν ἡμῶν οὗπερ ἄρχων, οἱ δὲ παρὰ τοὺς ἕνδεκα,

οἱ δ' ἐν ᾠδείῳ δικάζουσ', οἱ δὲ πρὸς τοῖς τειχίοις
ξυμβεβυσμένοι πυκνόν, νεύοντες ἐς τὴν γῆν, μόλις 1110
ὥσπερ οἱ σκώληκες ἐν τοῖς κυττάροις κινούμενοι.
ἔς τε τὴν ἄλλην δίαιτάν ἐσμεν εὐπορώτατοι.
πάντα γὰρ κεντοῦμεν ἄνδρα κἀκπορίζομεν βίον.
ἀλλὰ γὰρ κηφῆνες ἡμῖν εἰσιν ἐγκαθήμενοι
οὐκ ἔχοντες κέντρον, οἳ μένοντες ἡμῶν τοῦ φόρου 1115
τὸν πόνον κατεσθίουσιν, οὐ ταλαιπωρούμενοι.
τοῦτο δ' ἔστ' ἄλγιστον ἡμῖν, ἤν τις ἀστράτευτος ὢν
ἐκροφῇ τὸν μισθὸν ἡμῶν, τῆσδε τῆς χώρας ὕπερ
μήτε κώπην μήτε λόγχην μήτε φλύκταιναν λαβών.
ἀλλ' ἐμοὶ δοκεῖ τὸ λοιπὸν τῶν πολιτῶν ἔμβραχυ 1120
ὅστις ἂν μὴ 'χῃ τὸ κέντρον, μὴ φέρειν τριώβολον.

Φιλοκλέων
οὔτοι ποτὲ ζῶν τοῦτον ἀποδυθήσομαι,
ἐπεὶ μόνος μ' ἔσωσε παρατεταγμένον,
ὅθ' ὁ βορέας ὁ μέγας ἐπεστρατεύσατο.

Βδελυκλέων
ἀγαθὸν ἔοικας οὐδὲν ἐπιθυμεῖν παθεῖν. 1125

Φιλοκλέων
μὰ τὸν Δί' οὐ γὰρ οὐδαμῶς μοι ξύμφορον.
καὶ γὰρ πρότερον ἐπανθρακίδων ἐμπλήμενος
ἀπέδωκ' ὀφείλων τῷ κναφεῖ τριώβολον.

Βδελυκλέων
ἀλλ' οὖν πεπειράσθω γ', ἐπειδήπερ γ' ἅπαξ
ἐμοὶ σεαυτὸν παραδέδωκας εὖ ποιεῖν. 1130

Φιλοκλέων
τί οὖν κελεύεις δρᾶν με;

Βδελυκλέων
τὸν τρίβων' ἄφες,
τηνδὶ δὲ χλαῖναν ἀναβαλοῦ τριβωνικῶς.

Φιλοκλέων
ἔπειτα παῖδας χρὴ φυτεύειν καὶ τρέφειν,
ὅθ᾽ οὑτοσί με νῦν ἀποπνῖξαι βούλεται;
Βδελυκλέων
ἔχ᾽ ἀναβαλοῦ τηνδὶ λαβὼν καὶ μὴ λάλει. 1135
Φιλοκλέων
τουτὶ τὸ κακὸν τί ἐστι πρὸς πάντων θεῶν;
Βδελυκλέων
οἱ μὲν καλοῦσι Περσίδ᾽ οἱ δὲ καυνάκην.
Φιλοκλέων
ἐγὼ δὲ σισύραν ᾠόμην Θυμαιτίδα.
Βδελυκλέων
κού θαῦμά γ᾽· ἐς Σάρδεις γὰρ οὐκ ἐλήλυθας.
ἔγνως γὰρ ἄν· νῦν δ᾽ οὐχὶ γιγνώσκεις. 1140
Φιλοκλέων
ἐγώ;
μὰ τὸν Δί᾽ οὐ τοίνυν· ἀτὰρ δοκεῖ γέ μοι
ἐοικέναι μάλιστα Μορύχου σάγματι.
Βδελυκλέων
οὔκ, ἀλλ᾽ ἐν Ἐκβατάνοισι ταῦθ᾽ ὑφαίνεται.
Φιλοκλέων
ἐν Ἐκβατάνοισι γίγνεται κρόκης χόλιξ;
Βδελυκλέων
πόθεν ὦγάθ᾽; ἀλλὰ τοῦτο τοῖσι βαρβάροις 1145
ὑφαίνεται πολλαῖς δαπάναις. αὕτη γέ τοι
ἐρίων τάλαντον καταπέπωκε ῥᾳδίως.
Φιλοκλέων
οὔκουν ἐριώλην δῆτ᾽ ἐχρῆν αὐτὴν καλεῖν
δικαιότερον ἢ καυνάκην;
Βδελυκλέων
ἔχ᾽ ὦγαθέ,
καὶ στῆθ᾽ ἀναμπισχόμενος. 1150

Φιλοκλέων
οἴμοι δείλαιος·
ὡς θερμὸν ἡ μιαρά τί μου κατήρυγεν.
Βδελυκλέων
οὐκ ἀναβαλεῖ;
Φιλοκλέων
μὰ Δί' οὐκ ἔγωγ'. ἀλλ' ὦγαθέ,
εἴπερ γ' ἀνάγκη, κρίβανόν μ' ἀμπίσχετε.
Βδελυκλέων
φέρ' ἀλλ' ἐγώ σε περιβαλῶ· σὺ δ' οὖν ἴθι.
Φιλοκλέων
παράθου γε μέντοι καὶ κρεάγραν. 1155
Βδελυκλέων
τιὴ τί δή;
Φιλοκλέων
ἵν' ἐξέλῃς με πρὶν διερρυηκέναι.
Βδελυκλέων
ἄγε νυν ὑπολύου τὰς καταράτους ἐμβάδας,
τασδὶ δ' ἀνύσας "ὑπόδυθι" τὰς Λακωνικάς.
Φιλοκλέων
ἐγὼ γὰρ ἂν τλαίην ὑποδήσασθαί ποτε
ἐχθρῶν παρ' ἀνδρῶν δυσμενῆ καττύματα; 1160
Βδελυκλέων
ἔνθες ποτ' ὦ τᾶν κἀπόβαιν' ἐρρωμένως
ἐς τὴν Λακωνικὴν ἀνύσας.
Φιλοκλέων
ἀκικεῖς γέ με
ἐς τὴν πολεμίαν ἀποβιβάζων τὸν πόδα.
Βδελυκλέων
φέρε καὶ τὸν ἕτερον.
Φιλοκλέων
μηδαμῶς τοῦτόν γ', ἐπεὶ

πάνυ μισολάκων αὐτοῦ 'στιν εἷς τῶν δακτύλων. 1165
Βδελυκλέων
οὔκ ἔστι παρὰ ταῦτ' ἄλλα.
Φιλοκλέων
κακοδαίμων ἐγώ,
ὅστις ἐπὶ γήρως χίμετλον οὐδὲν λήψομαι.
Βδελυκλέων
ἄνυσόν ποθ' ὑποδησάμενος· εἶτα πλουσίως
ὡδὶ προβὰς τρυφερόν τι διασαλακώνισον.
Φιλοκλέων
ἰδού. θεῶ τὸ σχῆμα, καὶ σκέψαι μ' ὅτῳ 1170
μάλιστ' ἔοικα τὴν βάδισιν τῶν πλουσίων.
Βδελυκλέων
ὅτῳ; Δοθιῆνι σκόροδον ἠμφιεσμένῳ.
Φιλοκλέων
καὶ μὴν προθυμοῦμαί γε σαυλοπρωκτιᾶν.
Βδελυκλέων
ἄγε νυν, ἐπιστήσει λόγους σεμνοὺς λέγειν
ἀνδρῶν παρόντων πολυμαθῶν καὶ δεξιῶν; 1175
Φιλοκλέων
ἔγωγε.
Βδελυκλέων
τίνα δῆτ' ἂν λέγοις;
Φιλοκλέων
πολλοὺς πάνυ.
πρῶτον μὲν ὡς ἡ Λάμι' ἁλοῦσ' ἐπέρδετο,
ἔπειτα δ' ὡς ὁ Καρδοπίων τὴν μητέρα.
Βδελυκλέων
μή 'μοί γε μύθους, ἀλλὰ τῶν ἀνθρωπίνων,
οἵους λέγομεν μάλιστα τοὺς κατ' οἰκίαν. 1180
Φιλοκλέων
ἐγᾦδα τοίνυν τῶν γε πάνυ κατ' οἰκίαν

ἐκεῖνον ὡς "οὕτω ποτ' ἦν μῦς καὶ γαλῆ".
Βδελυκλέων
ὦ σκαιὲ κἀπαίδευτε, Θεογένης ἔφη
τῷ κοπρολόγῳ καὶ ταῦτα λοιδορούμενος,
μῦς καὶ γαλᾶς μέλλεις λέγειν ἐν ἀνδράσιν; 1185
Φιλοκλέων
ποίους τινὰς δὲ χρὴ λέγειν;
Βδελυκλέων
μεγαλοπρεπεῖς,
ὡς ξυνεθεώρεις Ἀνδροκλεῖ καὶ Κλεισθένει.
Φιλοκλέων
ἐγὼ δὲ τεθεώρηκα πώποτ' οὐδαμοῖ
πλὴν ἐς Πάρον, καὶ ταῦτα δύ' ὀβολὼ φέρων.
Βδελυκλέων
ἀλλ' οὖν λέγειν χρή σ' ὡς ἐμάχετό γ' αὐτίκα 1190
Ἐφουδίων παγκράτιον Ἀσκώνδᾳ καλῶς,
ἤδη γέρων ὢν καὶ πολιός, ἔχων δέ τοι
πλευρὰν βαθυτάτην καὶ χέρας καὶ λαγόνα καὶ
θώρακ' ἄριστον.
Φιλοκλέων
παῦε παῦ', οὐδὲν λέγεις.
πῶς ἂν μαχέσαιτο παγκράτιον θώρακ' ἔχων; 1195
Βδελυκλέων
οὕτω διηγεῖσθαι νομίζουσ' οἱ σοφοί.
ἀλλ' ἕτερον εἰπέ μοι· παρ' ἀνδράσι ξένοις
πίνων σεαυτοῦ ποῖον ἂν λέξαι δοκεῖς
ἐπὶ νεότητος ἔργον ἀνδρικώτατον;
Φιλοκλέων
ἐκεῖν' ἐκεῖν' ἀνδρειότατόν γε τῶν ἐμῶν, 1200
ὅτ' Ἐργασίωνος τὰς χάρακας ὑφειλόμην.
Βδελυκλέων
ἀπολεῖς με. ποίας χάρακας; ἀλλ' ὡς ἢ κάπρον

ἐδιώκαθές ποτ' ἢ λαγών, ἢ λαμπάδα
ἔδραμες, ἀνευρὼν ὅ τι νεανικώτατον.
Φιλοκλέων
ἐγᾦδα τοίνυν τό γε νεανικώτατον· 1205
ὅτε τὸν δρομέα Φάυλλον ὢν βούπαις ἔτι
εἷλον διώκων λοιδορίας ψήφοιν δυοῖν.
Βδελυκλέων
παῦ· ἀλλὰ δευρὶ κατακλινεὶς προσμάνθανε
ξυμποτικὸς εἶναι καὶ ξυνουσιαστικός.
Φιλοκλέων
πῶς οὖν κατακλινῶ; φράζ' ἀνύσας. 1210
Βδελυκλέων
εὐσχημόνως.
Φιλοκλέων
ὡδὶ κελεύεις κατακλινῆναι;
Βδελυκλέων
μηδαμῶς.
Φιλοκλέων
πῶς δαί;
Βδελυκλέων
τὰ γόνατ' ἔκτεινε καὶ γυμναστικῶς
ὑγρὸν χύτλασον σεαυτὸν ἐν τοῖς στρώμασιν.
ἔπειτ' ἐπαίνεσόν τι τῶν χαλκωμάτων,
ὀροφὴν θέασαι, κρεκάδι' αὐλῆς θαύμασον· 1215
ὕδωρ κατὰ χειρός· τὰς τραπέζας ἐσφέρειν·
δειπνοῦμεν· ἀπονενίμμεθ'· ἤδη σπένδομεν.
Φιλοκλέων
πρὸς τῶν θεῶν ἐνύπνιον ἐστιώμεθα;
Βδελυκλέων
αὐλητρὶς ἐνεφύσησεν· οἱ δὲ συμπόται
εἰσὶν Θέωρος Αἰσχίνης Φᾶνος Κλέων, 1220
ξένος τις ἕτερος πρὸς κεφαλῆς Ἀκέστορος.

τούτοις ξυνών τὰ σκόλι' ὅπως δέξει καλώς.
Φιλοκλέων
ἄληθες; ὡς οὐδεὶς Διακρίων δέξεται.
Βδελυκλέων
ἐγὼ εἴσομαι· καὶ δὴ γάρ εἴμ' ἐγὼ Κλέων,
ᾄδω δὲ πρῶτος Ἁρμοδίου· δέξαι δὲ σύ. 1225
"οὐδεὶς πώποτ' ἀνὴρ ἔγεντ' Ἀθήναις"--
Φιλοκλέων
οὐχ οὕτω γε πανοῦργος <οὐδὲ> κλέπτης.
Βδελυκλέων
τουτὶ σὺ δράσεις; παραπολεῖ βοώμενος·
φήσει γὰρ ἐξολεῖν σε καὶ διαφθερεῖν
καὶ τῆσδε τῆς γῆς ἐξελᾶν. 1230
Φιλοκλέων
ἐγὼ δέ γε,
ἐὰν ἀπειλῇ, νὴ Δί' ἕτερ' ἀντᾴσομαι·
"ὤνθρωφ', οὗτος ὁ μαιόμενος τὸ μέγα κράτος,
ἀντρέψεις ἔτι τὰν πόλιν· ἁ δ' ἔχεται ῥοπᾶς". 1235
Βδελυκλέων
τί δ' ὅταν Θέωρος πρὸς ποδῶν κατακείμενος
ᾄδῃ Κλέωνος λαβόμενος τῆς δεξιᾶς·
"'Ἀδμήτου λόγον ὦταῖρε μαθὼν τοὺς ἀγαθοὺς φίλει".
τούτῳ τί λέξεις σκόλιον; 1240
Φιλοκλέων
ᾠδικῶς ἐγώ.
"οὐκ ἔστιν ἀλωπεκίζειν,
οὐδ' ἀμφοτέροισι γίγνεσθαι φίλον".
Βδελυκλέων
μετὰ τοῦτον Αἰσχίνης ὁ Σέλλου δέξεται,
ἁυὴρ σοφὸς καὶ μουσικός, κᾆτ' ᾄσεται·
"χρήματα καὶ βίαν 1245
Κλειταγόρᾳ τε κἀμοὶ

μετὰ Θετταλῶν"--
Φιλοκλέων
πολλὰ δὴ διεκόμπασας σὺ κἀγώ.
Βδελυκλέων
τουτὶ μὲν ἐπιεικῶς σύ γ᾽ ἐξεπίστασαι·
ὅπως δ᾽ ἐπὶ δεῖπνον ἐς Φιλοκτήμονος ἵμεν. 1250
παῖ παῖ, τὸ δεῖπνον Χρυσὲ συσκεύαζε νῷν,
ἵνα καὶ μεθυσθῶμεν διὰ χρόνου.
Φιλοκλέων
μηδαμῶς.
κακὸν τὸ πίνειν· ἀπὸ γὰρ οἴνου γίγνεται
καὶ θυροκοπῆσαι καὶ πατάξαι καὶ βαλεῖν,
κἄπειτ᾽ ἀποτίνειν ἀργύριον ἐκ κραιπάλης. 1255
Βδελυκλέων
οὔκ, ἢν ξυνῇς γ᾽ ἀνδράσι καλοῖς τε κἀγαθοῖς.
ἢ γὰρ παρῃτήσαντο τὸν πεπονθότα,
ἢ λόγον ἔλεξας αὐτὸς ἀστεῖόν τινα,
Αἰσωπικὸν γέλοιον ἢ Συβαριτικόν,
ὧν ἔμαθες ἐν τῷ συμποσίῳ· κᾆτ᾽ ἐς γέλων 1260
τὸ πρᾶγμ᾽ ἔτρεψας, ὥστ᾽ ἀφείς σ᾽ ἀποιχεται.
Φιλοκλέων
μαθητέον τἄρ᾽ ἐστὶ πολλοὺς τῶν λόγων,
εἴπερ ἀποτείσω μηδέν, ἤν τι δρῶ κακόν.
Βδελυκλέων
ἄγε νυν ἴωμεν· μηδὲν ἡμᾶς ἰσχέτω.
Χορός
πολλάκις δὴ 'δοξ᾽ ἐμαυτῷ δεξιὸς πεφυκέναι 1265
καὶ σκαιὸς οὐδεπώποτε·
ἀλλ᾽ Ἀμυνίας ὁ Σέλλου μᾶλλον οὐκ τῶν Κρωβύλων,
οὗτος ὅν γ᾽ ἐγώ ποτ᾽ εἶδον ἀντὶ μήλου καὶ ῥοᾶς
δειπνοῦντα μετὰ Λεωγόρου·
πεινῇ γὰρ ᾗπερ Ἀντιφῶν· 1270

ἀλλὰ πρεσβεύων γὰρ ἐς Φάρσαλον ᾤχετ', εἶτ' ἐκεῖ
μόνος μόνοις
τοῖς Πενέσταισι ξυνῆν τοῖς
Θετταλῶν, αὐτὸς πενέστης ὢν ἔλαττων οὐδενός.
ὦ μακάρι' Αὐτόμενες ὥς σε μακαρίζομεν, 1275
παῖδας ἐφύτευσας ὅτι χειροτεχνικωτάτους·
πρῶτα μὲν ἅπασι φίλον ἄνδρα τε σοφώτατον,
τὸν κιφαραοιδότατον, ᾧ χάρις ἐφέσπετο·
τὸν δ' ὑποκριτὴν ἕτερον ἀργαλέον ὡς σοφόν·
εἶτ' Ἀριφράδην πολύ τι θυμοσοφικώτατον, 1280
ὅντινά ποτ' ὤμοσε μαθόντα παρὰ μηδενός,
ἀλλ' ἀπὸ σοφῆς φύσεος αὐτόματον ἐκμαθεῖν
γλωττοποιεῖν ἐς τὰ πορνεῖ' εἰσιόνθ' ἑκάστοτε.

*

εἰσί τινες οἵ μ' ἔλεγον ὡς καταδιηλλάγην,
ἡνίκα Κλέων μ' ὑπετάραττεν ἐπικείμενος 1285
"καί με κακίσταις" ἔκνισε· κᾆθ' ὅτ' ἀπεδειρόμην,
οὑκτὸς ἐγέλων μέγα κεκραγότα θεώμενοι,
οὐδὲν ἄρ' ἐμοῦ μέλον, ὅσον δὲ μόνον εἰδέναι
σκωμμάτιον εἴποτέ τι θλιβόμενος ἐκβαλῶ.
ταῦτα κατιδὼν ὑπό τι μικρὸν ἐπιθήκισα· 1290
εἶτα νῦν ἐξηπάτησεν ἡ χάραξ τὴν ἄμπελον.
Ξανθίας
ἰὼ χελῶναι μακάριαι τοῦ δέρματος,
καὶ τρὶς μακάριαι τοῦ 'πὶ ταῖς πλευραῖς τέγους.
ὡς εὖ κατηρέψασθε καὶ νουβυστικῶς
κεράμῳ τὸ νῶτον ὥστε τὰς πληγὰς στέγειν. 1295
ἐγὼ δ' ἀπόλωλα στιζόμενος βακτηρίᾳ.
Χορός
τί δ' ἔστιν ὦ παῖ; παῖδα γάρ, κἂν ᾖ γέρων,

καλεῖν δίκαιον ὅστις ἂν πληγὰς λάβῃ.
Ξανθίας
οὐ γὰρ ὁ γέρων ἀτηρότατον ἄρ᾽ ἦν κακὸν
καὶ τῶν ξυνόντων πολὺ παροινικώτατος; 1300
καίτοι παρῆν Ἵππυλλος Ἀντιφῶν Λύκων
Λυσίστρατος Θούφραστος οἱ περὶ Φρύνιχον.
τούτων ἁπάντων ἦν ὑβριστότατος μακρῷ.
εὐθὺς γὰρ ὡς ἐνέπλητο πολλῶν κἀγαθῶν,
ἐνήλατ᾽ ἐσκίρτα ᾽πεπόρδει κατεγέλα 1305
ὥσπερ καχρύων ὀνίδιον εὐωχημένον
κἄτυπτεν ἐμὲ νεανικῶς "παῖ παῖ" καλῶν.
εἶτ᾽ αὐτὸν ὡς εἶδ᾽ ᾔκασεν Λυσίστρατος·
"ἔοικας ὦ πρεσβῦτα νεοπλούτῳ τρυγὶ
κλητῆρί τ᾽ εἰς ἀχυρμὸν ἀποδεδρακότι". 1310
ὁ δ᾽ ἀνακραγὼν ἀντῄκασ᾽ αὐτὸν πάρνοπι
τὰ θρῖα τοῦ τρίβωνος ἀποβεβληκότι,
Σθενέλῳ τε τὰ σκευάρια διακεκαρμένῳ.
οἱ δ᾽ ἀνεκρότησαν, πλήν γε Θουφράστου μόνου·
οὗτος δὲ διεμύλλαινεν ὡς δὴ δεξιός. 1315
ὁ γέρων δὲ τὸν Θούφραστον ᾔρετ᾽· ᾽εἰπέ μοι,
ἐπὶ τῷ κομᾷς καὶ κομψὸς εἶναι προσποιεῖ,
κωμῳδολοιχῶν περὶ τὸν εὖ πράττοντ᾽ ἀεί;᾽
τοιαῦτα περιύβριζεν αὐτοὺς ἐν μέρει,
σκώπτων ἀγροίκως καὶ προσέτι λόγους λέγων 1320
ἀμαθέστατ᾽ οὐδὲν εἰκότας τῷ πράγματι.
ἔπειτ᾽ ἐπειδὴ ᾽μέθυεν, οἴκαδ᾽ ἔρχεται
τύπτων ἅπαντας, ἤν τις αὐτῷ ξυντύχῃ.
ὁδὶ δὲ καὶ δὴ σφαλλόμενος προσέρχεται.
ἀλλ᾽ ἐκποδὼν ἄπειμι πρὶν πληγὰς λαβεῖν. 1325
Φιλοκλέων
ἄνεχε πάρεχε·
κλαύσεταί τις τῶν ὄπισθεν

ἐπακολουθούντων ἐμοί·
οἶον, εἰ μὴ 'ρρήσεθ', ὑμᾶς
ὦ πόνηροι ταυτηὶ τῇ 1330
δᾳδὶ φρυκτοὺς σκευάσω.
Ξυμότης τις
ἦ μὴν σὺ δώσεις αὔριον τούτων δίκην
ἡμῖν ἅπασι, κεί σφόδρ' εἶ νεανίας.
ἀθρόοι γὰρ ἥξομέν σε προσκαλούμενοι.
ἰὴ ἰεῦ, καλούμενοι. 1335
ἀρχαῖά γ' ὑμῶν· ἆρά γ' ἴσθ'
ὡς οὐδ' ἀκούων ἀνέχομαι
δικῶν; ἰαιβοῖ, αἰβοῖ.
τάδε μ' ἀρέσκει· βάλλε κημούς.
οὐκ ἄπεισι; ποῦ 'στιν <ἡμῖν> 1340
ἡλιαστής; ἐκποδών.

ἀνάβαινε δεῦρο χρυσομηλολόνθιον,
τῇ χειρὶ τουδὶ λαβομένη τοῦ σχοινίου.
ἔχου· φυλάττου δ', ὡς σαπρὸν τὸ σχοινίον·
ὅμως γε μέντοι τριβόμενον οὐκ ἄχθεται.
ὁρᾷς ἐγώ σ' ὡς δεξιῶς ὑφειλόμην 1345
μέλλουσαν ἤδη λεσβιᾶν τοὺς ξυμπότας·
ὧν οὕνεκ' ἀπόδος τῷ πέει τῳδὶ χάριν.
ἀλλ' οὐκ ἀποδώσεις οὐδ' ἐφιαλεῖς οἶδ' ὅτι,
ἀλλ' ἐξαπατήσεις κἀγχανεῖ τούτῳ μέγα·
πολλοῖς γὰρ ἤδη χἀτέροις αὔτ' ἠργάσω. 1350
ἐὰν γένῃ δὲ μὴ κακὴ νυνὶ γυνή,
ἐγώ σ' ἐπειδὰν οὑμὸς υἱὸς ἀποθάνῃ,
λυσάμενος ἕξω παλλακὴν ὦ χοιρίον.
νῦν δ' οὐ κρατῶ 'γὼ τῶν ἐμαυτοῦ χρημάτων·
νέος γάρ εἰμι καὶ φυλάττομαι σφόδρα. 1355
τὸ γὰρ υἵδιον τηρεῖ με, κἄστι δύσκολον

κἄλλως κυμινοπριστοκαρδαμογλύφον.
ταῦτ' οὖν περί μου δέδοικε μὴ διαφθαρῶ.
πατὴρ γὰρ οὐδείς ἐστιν αὐτῷ πλὴν ἐμοῦ.
ὁδὶ δὲ καὐτὸς ἐπὶ σὲ κἄμ' ἔοικε θεῖν. 1360
ἀλλ' ὡς τάχιστα στῆθι τάσδε τὰς δετὰς
λαβοῦσ', ἵν' αὐτὸν τωθάσω νεανικῶς,
οἵοις ποθ' οὗτος ἐμὲ πρὸ τῶν μυστηρίων.
Βδελυκλέων
ὦ οὗτος οὗτος τυφεδανὲ καὶ χοιρόθλιψ,
ποθεῖν ἐρᾶν τ' ἔοικας ὡραίας σοροῦ. 1365
οὔτοι καταπροίξει μὰ τὸν Ἀπόλλω τοῦτο δρῶν.
Φιλοκλέων
ὡς ἡδέως φάγοις ἂν ἐξ ὄξους δίκην.
Βδελυκλέων
οὐ δεινὰ τωθάζειν σε τὴν αὐλητρίδα
τῶν ξυμποτῶν κλέψαντα;
Φιλοκλέων
ποίαν αὐλητρίδα;
τί ταῦτα ληρεῖς ὥσπερ ἀπὸ τύμβου πεσών; 1370
Βδελυκλέων
νὴ τὸν Δί' αὕτη πού 'στί σοί γ' ἡ Δαρδανίς.
Φιλοκλέων
οὔκ, ἀλλ' ἐν ἀγορᾷ τοῖς θεοῖς δὰς κάεται.
Βδελυκλέων
δὰς ἥδε;
Φιλοκλέων
δὰς δῆτ'. οὐχ ὁρᾷς ἐστιγμένην;
Βδελυκλέων
τί δὲ τὸ μέλαν τοῦτ' ἐστὶν αὐτῆς τοὐν μέσῳ;
Φιλοκλέων
ἡ πίττα δήπου καομένης ἐξέρχεται. 1375
Βδελυκλέων

ὁ δ' ὄπισθεν οὐχὶ πρωκτός ἐστιν οὑτοσί;
Φιλοκλέων
ὄζος μὲν οὖν τῆς δᾳδὸς οὗτος ἐξέχει.
Βδελυκλέων
τί λέγεις σύ; ποῖος ὄζος; οὐκ εἶ δεῦρο σύ;
Φιλοκλέων
ἆ ἆ τί μέλλεις δρᾶν;
Βδελυκλέων
ἄγειν ταύτην λαβὼν
ἀφελόμενός σε καὶ νομίσας εἶναι σαπρὸν 1380
κοὐδὲν δύνασθαι δρᾶν.
Φιλοκλέων
ἄκουσόν νυν ἐμοῦ.
Ὀλυμπίασιν, ἡνίκ' ἐθεώρουν ἐγώ,
Ἐφουδίων ἐμαχέσατ' Ἀσκώνδᾳ καλῶς
ἤδη γέρων ὤν· εἶτα τῇ πυγμῇ θενὼν
ὁ πρεσβύτερος κατέβαλε τὸν νεώτερον. 1385
πρὸς ταῦτα τηροῦ μὴ λάβῃς ὑπώπια.
Βδελυκλέων
νὴ τὸν Δί' ἐξέμαθές γε τὴν Ὀλυμπίαν.
Ἀρτόπωλις
ἴθι μοι παράστηθ', ἀντιβολῶ πρὸς τῶν θεῶν.
ὁδὶ γὰρ ἀνήρ ἐστιν ὅς μ' ἀπώλεσεν
τῇ δᾳδὶ παίων, κἀξέβαλεν ἐντευθενὶ 1390
ἄρτους δέκ' ὀβολῶν κἀπιθήκην τέτταρας.
Βδελυκλέων
ὁρᾷς ἃ δέδρακας; πράγματ' αὖ δεῖ καὶ δίκας
ἔχειν διὰ τὸν σὸν οἶνον.
Φιλοκλέων
οὐδαμῶς γ', ἐπεὶ
λόγοι διαλλάξουσιν αὐτὰ δεξιοί·
ὥστ' οἶδ' ὁτιὴ ταύτῃ διαλλαχθήσομαι. 1395

Ἀρτόπωλις
οὔτοι μὰ τὼ θεὼ καταπροίξει Μυρτίας
τῆς Ἀγκυλίωνος θυγατέρος καὶ Σωστράτης,
οὕτω διαφθείρας ἐμοῦ τὰ φορτία.
Φιλοκλέων
ἄκουσον ὦ γύναι· λόγον σοι βούλομαι
λέξαι χαρίεντα. 1400
Ἀρτόπωλις
μὰ Δία μὴ 'μοί γ' ὦ μέλε.
Φιλοκλέων
Αἴσωπον ἀπὸ δείπνου βαδίζονθ' ἑσπέρας
θρασεῖα καὶ μεθύση τις ὑλάκτει κύων.
κᾆπειτ' ἐκεῖνος εἶπεν, "ὦ κύον κύον,
εἰ νὴ Δί' ἀντὶ τῆς κακῆς γλώττης ποθὲν
πυροὺς πρίαιο, σωφρονεῖν ἄν μοι δοκεῖς". 1405
Ἀρτόπωλις
καὶ καταγελᾷς μου; προσκαλοῦμαί σ' ὅστις εἶ
πρὸς τοὺς ἀγορανόμους βλάβης τῶν φορτίων,
κλητῆρ' ἔχουσα Χαιρεφῶντα τουτονί.
Φιλοκλέων
μὰ Δί' ἀλλ' ἄκουσον, ἤν τί σοι δόξω λέγειν.
Λᾶσός ποτ' ἀντεδίδασκε καὶ Σιμωνίδης· 1410
ἔπειθ' ὁ Λᾶσος εἶπεν, "ὀλίγον μοι μέλει".
Ἀρτόπωλις
ἄληθες οὗτος;
Φιλοκλέων
καὶ σὺ δή μοι Χαιρεφῶν
γυναικὶ "κλητεύειν ἐοικὼς" θαψίνῃ,
Ἰνοῖ κρεμαμένῃ πρὸς ποδῶν Εὐριπίδου.
Βδελυκλέων
ὁδί τις ἕτερος, ὡς ἔοικεν, ἔρχεται 1415
καλούμενός σε· τόν γέ τοι κλητῆρ' ἔχει.

Κατήγορος
οἴμοι κακοδαίμων. προσκαλοῦμαί σ᾽ ὦ γέρον ὕβρεως.
Βδελυκλέων
ὕβρεως; μὴ μὴ καλέσῃ πρὸς τῶν θεῶν·
ἐγὼ γὰρ ὑπὲρ αὐτοῦ δίκην δίδωμί σοι
ἣν ἂν σὺ τάξῃς, καὶ χάριν προσείσομαι. 1420
Φιλοκλέων
ἐγὼ μὲν οὖν αὐτῷ διαλλαχθήσομαι
ἑκών· ὁμολογῶ γὰρ πατάξαι καὶ βαλεῖν.
ἀλλ᾽ ἐλθὲ δευρί· πότερον ἐπιτρέπεις ἐμοί,
ὅ τι χρή μ᾽ ἀποτείσαντ᾽ ἀργύριον τοῦ πράγματος
εἶναι φίλον τὸ λοιπόν, ἢ σύ μοι φράσεις; 1425
Κατήγορος
σὺ λέγε. δικῶν γὰρ οὐ δέομ᾽ οὐδὲ πραγμάτων.
Φιλοκλέων
ἀνὴρ Συβαρίτης ἐξέπεσεν ἐξ ἅρματος,
καί πως κατεάγη τῆς κεφαλῆς μέγα σφόδρα·
ἐτύγχανεν γὰρ οὐ τρίβων ὢν ἱππικῆς.
κᾆπειτ᾽ ἐπιστὰς εἶπ᾽ ἀνὴρ αὐτῷ φίλος· 1430
"ἔρδοι τις ἣν ἕκαστος εἰδείη τέχνην".
οὕτω δὲ καὶ σὺ παράτρεχ᾽ ἐς τὰ Πιττάλου.
Βδελυκλέων
οὔμοιά σου καὶ ταῦτα τοῖς ἄλλοις τρόποις.
Κατήγορος
ἀλλ᾽ οὖν σὺ μέμνησ᾽ αὐτὸς ἀπεκρίνατο.
Φιλοκλέων
ἄκουε, μὴ φεῦγ᾽. ἐν Συβάρει γυνή ποτε 1435
κατέαξ᾽ ἐχῖνον.
Κατήγορος
ταῦτ᾽ ἐγὼ μαρτύρομαι.

Φιλοκλέων
οὐχῖνος οὖν ἔχων τιν' ἐπεμαρτύρατο·
εἶθ' ἡ Συβαρῖτις εἶπεν, "εἰ ναὶ τὰν κόραν
τὴν μαρτυρίαν ταύτην ἐάσας ἐν τάχει
ἐπίδεσμον ἐπρίω, νοῦν ἂν εἶχες πλείονα". 1440
Κατήγορος
ὕβριζ' ἕως ἂν τὴν δίκην ἄρχων καλῇ.
Βδελυκλέων
οὔτοι μὰ τὴν Δήμητρ' ἔτ' ἐνταυθοῖ μενεῖς,
ἀλλ' ἀράμενος οἴσω σε --
Φιλοκλέων
τί ποιεῖς;
Βδελυκλέων
ὅ τι ποιῶ;
εἴσω φέρω σ' ἐντεῦθεν· εἰ δὲ μή, τάχα
κλητῆρες ἐπιλείψουσι τοὺς καλουμένους. 1445
Φιλοκλέων
Αἴσωπον οἱ Δελφοί ποτ' --
Βδελυκλέων
ὀλίγον μοι μέλει.
Φιλοκλέων
φιάλην ἐπητιῶντο κλέψαι τοῦ θεοῦ·
ὁ δ' ἔλεξεν αὐτοῖς, ὡς ὁ κάνθαρός ποτε --
Βδελυκλέων
οἴμ' ὡς ἀπολῶ σ' αὐτοῖσι τοῖσι κανθάροις.
Χορός
ζηλῶ γε τῆς εὐτυχίας 1450
τὸν πρέσβυν οἷ μετέστη
ξηρῶν τρόπων καὶ βιοτῆς·
ἕτερα δὲ νῦν ἀντιμαθὼν
ἦ μέγα τι μεταπεσεῖται
ἐπὶ τὸ τρυφῶν καὶ μαλακόν. 1455

τάχα δ' ἂν ἴσως οὐκ ἐθέλοι.
τὸ γὰρ ἀποστῆναι χαλεπὸν
φύσεος, ἣν ἔχοι τις ἀεί.
καίτοι πολλοὶ ταῦτ' ἔπαθον·
ξυνόντες γνώμαις ἑτέρων 1460
μετεβάλοντο τοὺς τρόπους.
πολλοῦ δ' ἐπαίνου παρ' ἐμοὶ
καὶ τοῖσιν εὖ φρονοῦσιν
τυχὼν ἄπεισιν διὰ τὴν
φιλοπατρίαν καὶ σοφίαν 1465
ὁ παῖς ὁ Φιλοκλέωνος.
οὐδενὶ γὰρ οὕτως ἀγανῷ
ξυνεγενόμην, οὐδὲ τρόποις
ἐπεμάνην οὐδ' ἐξεχύθην.
τί γὰρ ἐκεῖνος ἀντιλέγων 1470
οὐ κρείττων ἦν, βουλόμενος
τὸν φύσαντα σεμνοτέροις
κατακοσμῆσαι πράγμασιν;
Ξανθίας
νὴ τὸν Διόνυσον ἄπορά γ' ἡμῖν πράγματα
δαίμων τις ἐσκεκύκληκεν ἐς τὴν οἰκίαν. 1475
ὁ γὰρ γέρων ὡς ἔπιε διὰ πολλοῦ χρόνου
ἤκουσέ τ' αὐλοῦ, περιχαρὴς τῷ πράγματι
ὀρχούμενος τῆς νυκτὸς οὐδὲν παύεται
τἀρχαῖ' ἐκεῖν' οἷς Θέσπις ἠγωνίζετο·
καὶ τοὺς τραγῳδοὺς φησιν ἀποδείξειν κρόνους 1480
τοὺς νῦν διορχησάμενος ὀλίγον ὕστερον.
Φιλοκλέων
τίς ἐπ' αὐλείοισι θύραις θάσσει;
Ξανθίας
τουτὶ καὶ δὴ χωρεῖ τὸ κακόν.

Φιλοκλέων
κλῇθρα χαλάσθω τάδε. καὶ δὴ γὰρ
σχήματος ἀρχὴ – 1485
Ξανθίας
μᾶλλον δέ γ᾽ ἴσως μανίας ἀρχή.
Φιλοκλέων
πλευρὰν λυγίσαντος ὑπὸ ῥώμης·
οἷον μυκτὴρ μυκᾶται καὶ
σφόνδυλος ἀχεῖ.
Ξανθίας
πῖθ᾽ ἐλλέβορον.
Φιλοκλέων
πτήσσει Φρύνιχος ὥς τις ἀλέκτωρ – 1490
Ξανθίας
τάχα βαλλήσεις.
Φιλοκλέων
σκέλος οὐράνιόν γ᾽ ἐκλακτίζων.
πρωκτὸς χάσκει.
Ξανθίας
κατὰ σαυτὸν ὅρα.
Φιλοκλέων
νῦν γὰρ ἐν ἄρθροις τοῖς ἡμετέροις
στρέφεται χαλαρὰ κοτυληδών. 1495
οὐκ εὖ;
Βδελυκλέων
μὰ Δί᾽ οὐ δῆτ᾽, ἀλλὰ μανικὰ πράγματα.
Φιλοκλέων
θέρε νυν ἀνείπω κἀνταγωνιστὰς καλῶ.
εἴ τις τραγῳδός φησιν ὀρχεῖσθαι καλῶς,
ἐμοὶ διορχησόμενος ἐνθάδ᾽ εἰσίτω.
φησίν τις ἢ οὐδείς; 1500

Ξανθίας
εἶς γ' ἐκεινοσὶ μόνος.
Φιλοκλέων
τίς ὁ κακοδαίμων ἐστίν;
Ξανθίας
υἱὸς Καρκίνου
ὁ μέσατος.
Φιλοκλέων
ἀλλ' οὗτός γε καταποθήσεται·
ἀπολῶ γὰρ αὐτὸν ἐμμελείᾳ κονδύλου.
ἐν τῷ ῥυθμῷ γὰρ οὐδέν ἐστ'.
Ξανθίας
ἀλλ' ὠζυρὲ
ἕτερος τραγῳδὸς Καρκινίτης ἔρχεται, 1505
ἀδελφὸς αὐτοῦ.
Φιλοκλέων
νὴ Δί' ὠψώνηκ' ἄρα.
Ξανθίας
μὰ τὸν Δί' οὐδέν γ' ἄλλο πλήν γε καρκίνους·
προσέρχεται γὰρ ἕτερος αὖ τῶν Καρκίνου.
Φιλοκλέων
τουτὶ τί ἦν τὸ προσέρπον; ὀξὶς ἢ φάλαγξ;
Ξανθίας
ὁ πινοτήρης οὗτός ἐστι τοῦ γένους, 1510
ὁ σμικρότατος, ὃς τὴν τραγῳδίαν ποιεῖ.
Φιλοκλέων
ὦ Καρκίν' ὦ μακάριε τῆς εὐπαιδίας,
ὅσον τὸ πλῆθος κατέπεσεν τῶν ὀρχίλων.
ἀτὰρ καταβατέον γ' ἐπ' αὐτούς μ'· ὠζυρέ,
ἄλμην κύκα τούτοισιν, ἢν ἐγὼ κρατῶ. 1515
Χορός
φέρε νυν ἡμεῖς αὐτοῖς ὀλίγον ξυγχωρήσωμεν ἅπαντες,

ἵν' ἐφ' ἡσυχίας ἡμῶν πρόσθεν βεμβικίζωσιν ἑαυτούς.

ἄγ' ὦ μεγαλώνυμα τέκνα
τοῦ θαλασσίου <θεοῦ>,
πηδᾶτε παρὰ ψάμαθον 1520
καὶ θῖν' ἁλὸς ἀτρυγέτου,
καρίδων ἀδελφοί·
ταχὺν πόδα κυκλοσοβεῖτε,
καὶ τὸ Φρυνίχειον
ἐκλακτισάτω τις, ὅπως 1525
ἰδόντες ἄνω σκέλος ὤζωσιν
οἱ θεαταί.

στρόβει, παράβαινε κύκλῳ καὶ γάστρισον σεαυτόν,
ῥῖπτε σκέλος οὐράνιον· βέμβικες ἐγγενέσθων. 1530
καὐτὸς γὰρ ὁ ποντομέδων ἄναξ πατὴρ προσέρπει
ἡσθεὶς ἐπὶ τοῖσιν ἑαυτοῦ παισὶ τοῖς τριόρχοις.

ἀλλ' ἐξάγετ', εἴ τι φιλεῖτ' ὀρχούμενοι, θύραζε 1535
ἡμᾶς ταχύ· τοῦτο γὰρ οὐδείς πω πάρος δέδρακεν,
ὀρχούμενον ὅστις ἀπήλλαξεν χορὸν τρυγῳδῶν.

Also Available from JiaHu Books

Ἰλιάς - The Iliad (Ancient Greek) - 9781909669222

Ὀδύσσεια - The Odyssey (Ancient Greek) - 9781909669260

Ἀνάβασις - Anabasis (Ancient Greek) 9781909669321

Μήδεια – Βάκχαι Medea and Bacchae (Ancient Greek) - 9781909669765

Metamorphoses – Ovid (Latin) 9781909669352

Satyricon (Latin) - 9781909669789

Metamorphoses – Asinus Aureus (Latin) - 9781909669802

Egils Saga (Old Norse) – 9781909669093

Egils Saga (Icelandic) - 9781909669857

Brennu-Njáls saga (Icelandic) – 9781909669925

Laxdæla Saga (Icelandic) - 9781909669871

अभिज्ञशुन्तवम् - Recognition of Sakuntala (Sanskrit) - 978909669192

www.ingramcontent.com/pod-product-compliance
Lightning Source LLC
Chambersburg PA
CBHW031356040426

42444CB00005B/311